차별받는
육아휴직
급여

바보
시리즈
02

저는
육아휴직
없는 맞벌이
엄마입니다

양승광 지음

삶이보이는창

양승광

성균관대학교를 졸업한 뒤 같은 학교 대학원에서 사회경제법으로 박사학위를 받았다.
한 분야에 몰두하는 것보다는 여러 분야를 함께 공부하는 것을 좋아한다.
노동법과 사회보장법을 기본적인 연구 주제로 삼고 있으며, 최근에는 미디어와 장애인으로
관심 분야를 넓혀가고 있다. 지은 책으로는 〈우리의 시간은 공평할까〉가 있다.

차별받는
육아휴직
급여

바보
시리즈
02

저는
육아휴직
없는 맞벌이
엄마입니다

양승광 지음

차별받는 유아휴직 급여

아이가 태어나면
맞벌이 엄마들은 육아휴직에 들어갑니다.
그리고 육아휴직급여를 받습니다.
맞벌이가 유지되는 거죠.
하지만 '모든' 맞벌이가 그러하지는 않습니다.
육아휴직을 쓸 수 없는 엄마들,
그래서 육아휴직급여를 받을 수 없는 엄마들이
있으니까요.
맞벌이는 외벌이로 변합니다.

"저는 육아휴직 없는 맞벌이 엄마입니다."

이 책의 제목은 모순입니다.
육아에 전념하는 기간 동안에 육아휴직자의
신분이 아니라면 맞벌이가 될 수 없으니까요.

하지만 이를 모순으로 받아들이는 것이
과연 타당할까요?
이것은 육아휴직자에게만 육아휴직급여를
지급하는 것이 온당하냐는 질문입니다.

그리고 이 책은 그 질문에 대한 답입니다.

제1장 질문을 던지다

제2장 육아휴직급여를 받으려면 반드시 직장이 필요할까

제3장 바꿀 것인가

90 - 에필로그

질문을
던지다

01.

엄마 두 명

숨은 그림 찾기

여기 동갑내기 엄마 두 명이 있습니다. 어쩌면 한 지역에서 나고 자라 학창 시절을 함께 보낸 여고 동창일 수도 있겠네요. 민지와 소희. 그들의 이야기로 이 책을 시작해볼까 합니다.

민지의 이야기

직장인 민지의 첫아이 출산일은 2019년 12월 31일이었습니다. 민지는 출산을 위해 2019년 12월 1일부터 2020년 2월 28일까지 출산전후휴가를 사용했습니다. 출산전후휴가가 끝난 다음 날인 2020년 2월 29일부터 1년간 육아휴직을 한 민지는 2021년 3월에 회사에 복귀하였습니다.

소희의 사례

직장인 소희 역시 첫아이의 출산일은 2019년 12월 31일이었습니다. 소희는 출산을 위해 2019년 12월 1일부터 2019년 12월 31일까지 출산전후휴가를 사용했습니다. 소희는 아이의 돌잔치를 마친 다음 날인 2021년 1월에 구직활동을 시작하였고, 2021년 3월부터 새로운 직장으로 출근하였습니다.

두 명의 이야기가 너무 비슷해 어쩌면 왜 이런 이야기를 맨 앞에 놓아두었을까 어리둥절하실 수도 있겠네요. 숨은 그림 찾기 하듯 공통점과 차이점을 찾아보았으면 합니다.

먼저 공통점. 1번, 2019년 12월 31일이라는 출산일. 2번, 출산전후휴가 시작일 2019년 12월 1일. 3번, 육아와 일을 병행하기 시작한 시점 2021년 3월. 맞습니다. 둘은 같은 시기에 임신을 하고 아이를 낳았습니다. 직장에서의 업무 역시 동일한 시기에 중단하였고, 또 같은 시기에 일을 다시 시작했습니다. 공통점이 이리 많으니, 두 사람이 정말 여고 동창으로 친구 사이였다면 서로를 소울메이트라고 부를지도 모르겠습니다.

이번엔 차이점을 찾아볼까요? 출산전후휴가의 기간과 육아휴직입니다. 민지의 출산전후휴가 기간은 90일이었지만 소희는 31일이었습니다. 민지는 1년의 육아휴직을 받았지만 소희에게 육아휴직이란 건 없었지요.

왜 이런 차이가 생긴 걸까요? 혹시 소희의 결연한, 회사에서 하루라도 빨리 벗어나고 싶은 선택이었을까요? '나를 그토록 힘들게 만들었던 회사, 네가 주는 돈 따위는 안 받겠어!'라며 아이가 태어날 시점에 회사를 그만둔 것일까요? 하지만 이건 설득력이 제로에 가깝네요. 그러려고 했으면 임신 초기에 그만두었을 테니까요. 출산전후휴가까지 사용한 걸 보면 저 추론에는 합리성이란 걸 찾아볼 수 없습니다.

둘의 이야기를 전할 때 빼놓은 것이 있습니다. 독자분들 중 많은 수는 벌써 알고 계시겠네요. 민지는 정규직이었지만 소희는 비정규직이었거든요. 2019년 12월 31일로 근로계약기간이 끝나는 계약직이요. 신분이 달랐던 거죠.

신분과 급여

정규직과 비정규직이라는 신분의 차이는 임신에서 부터 출산·육아기간까지 고용보험으로부터 받게 되는 급여에도 영향을 미쳤습니다. 민지와 소희가 고용보험으로부터 얼마를 받았는지 살펴보기로 합니다.

먼저 민지의 급여. 민지는 고용보험으로부터 육아휴직 12개월 동안 육아휴직급여의 75%를 받은 후, 복직 후 6개월이 지난 2021년 9월에 나머지 25%를 받았습니다. 그 전인 출산전후휴가 기간에도 고용보험으로부터 급여를 받았습니다. 민지의 직장은 대기업이 아니었거든요. 참고로 민지의 직장이 대기업이었다면 출산전후휴가 기간 중 처음 두 달(60일)의 급여는 고용보험이 아니라 회사가 지급했을 것입니다.

소희는 어땠을까요? 소희가 받은 급여라고는 2019년 12월 한 달간의 출산전후휴가급여뿐이었습니다. 아이가 돌이 지나고 구직활동을 시작하면서 고용보험으로부터 구직급여를 수령하기는 했지만, 이건 육아에 대한 급여가 아니라 구직활동에 대한 급여였거든요.

구직급여의 수급기간은 원칙적으로 이직한 다음 날부터 12개월이지만, 이 사안과 같이 임신·출산·육아 또는 취업할 수 없는 사실을 수급기간 중 고용센터에 신고한 경우에는 12개월의 기간에 그 취업할 수 없었던 기간을 4년 한도로 가산하게 된다. 따라서 소희가 2020년 12월 31일 이전까지 출산 및 육아의 사실을 고용센터에 신고하였다면, 소희는 구직활동을 함으로써 소정급여일수를 한도로 취업 전까지 구직급여를 수령하게 될 것이다. 또 소희가 소정급여일수를 2분의 1 이상 남기고 취업한 후, 새로 들어간 직장에서 12개월 이상 계속 일한다면 조기재취업수당을 지급받을 수 있다.

정리하자면 이렇습니다. 민지는 고용보험으로부터 15개월간의 출산 및 육아에 관한 급여를 받는 반면에, 소희가 급여를 받는 기간은 단 한 달에 불과합니다. 돈으로 환산해볼까요? 민지와 소희의 급여에 따라 구체적인 금액이 달라지겠지만, 급여 상한액으로 받는다고 가정해보겠습니다. 출산전후휴가급여 2개월분인 약 400만원, 육아휴직급여 12개월분인 1,530만원(첫 3개월까지는 월 150만원, 그 후 9개월은 월 120만원)입니다. 정규직과 비정규직이라는 신분의 차이로 인해 약 2천만원의 지급 여부가 달라지는 겁니다. 회사에서 지급되는 것도 아니고 국가가 운영하는 고용보험에서 지급되는 금액이 말이죠.

억울하지 않은 불합리

소희는 억울했을까요? 아닐 것 같습니다. 같은 상황이라고 할지라도 사람에 따라 감정이 달라진다지만, 소희는 오히려 회사에 고맙다는 인사를 했을 수도 있습니다. 운이 좋게도 출산전후휴가를 얻어냈거든요. 법상으로는 출산전후휴가가 출산 전에 반드시 이루어져야 하는 것이 아니기 때문입니다. 잠시만 법조문을 살펴보겠습니다.

"사용자는 임신 중의 여성에게 출산 전과 출산 후를 통하여 90일의 출산전후휴가를 주어야 한다. 이 경우 휴가 기간의 배정은 출산 후에 45일 이상이 되어야 한다."

단어 몇 개가 눈길을 끕니다. 주어에 해당하는 '사용자', 술어에 해당하는 '주어야 한다', 휴가 기간의 선택이 아닌 '배정'. 이 조문은 현행법상 출산전후휴가가 근로자의 권리라기보다는 사용자의 의무라는 것을 말해줍니다. 조문에 따르면 회사가 소희에게 출산 전 30일부터 출산전후휴가를 부여해야 할 의무는 없습니다. 기간을 통틀어 90일, 이 중 출산 후에만 45일을 부여하면 되니까요. 소희의 근로계약 기간 마지막 날인 12월 31일 단 하루만 출산전후휴가를 부여한다 해도 무방한 일입니다. 따라서 한 달간의 출산전후 휴가를 받은 소희가 회사에 고맙다는 인사를 했다고 해도 이상한 일은 아닙니다.

다시 돈 이야기로 넘어가 보겠습니다. 민지와 소희만이 아니라 그 가족들까지 생각한다면, 두 가족이 받는 돈의 차이는 이 2천만원으로 끝나지 않습니다. 민지와 소희의 남편이 육아휴직에 들어간다고 할 경우, 남편의 육아휴직 급여에도 차이가 발생하거든요.

엄마가 육아휴직을 끝낸 후 아빠가 육아휴직에 들어갈 경우, 아빠의 육아휴직급여 상한액은 월 150만원에서 250만원으로 늘어나게 됩니다. 아빠의 육아휴직을 장려하기 위한 이른바 '아빠 육아휴직 보너스제'입니다. 3개월만이라도 좋으니 아빠도 육아를 전담해보라는 취지죠. 그런데 이 아빠 육아휴직 보너스를 소희의 남편은 받을 수 없습니다. 남편이 소희의 일자리 적응을 돕기 위해 육아휴직을 한다고 해도, 그가 받을 수 있는 첫 3개월간의 육아휴직급여는 250만원이 아니라 150만원입니다. 소희는 육아휴직을 한

적이 없기 때문입니다. 결국 민지와 소희네 가족의 출산·육아로 인한 고용보험법상 급여액의 차이는 약 2,300만원으로 늘어나게 됩니다.

하지만 이제는 달라졌습니다. 2021년에 고용보험법이 개정되었거든요. 그래서 소희와 같이 출산전후휴가 중에 근로계약이 끝나는 비정규직들도 나머지 기간의 출산전후휴가급여만큼의 금액을 받을 수 있게 되었습니다. 이 돈의 이름은 출산전후휴가급여가 아닌 '출산전후휴가급여 상당액'입니다. 명칭이야 어찌 됐든, 민지와 소희의 사례가 2019년이 아니라 2021년에 벌어졌더라면 두 식구가 고용보험으로부터 받는 돈의 차이는 2,300만원이 아니라 1,900만원으로 줄어듭니다. 출산전후휴가급여로 인한 금액 차이는 없으니까요. 이 400만원, 전체 차액을 기준으로 생각한다면 적을지 모르지만 금액 자체는 결코 적지 않습니다. 환영할 일이지요.

그럼에도 불구하고 마냥 기쁘지만은 않은 건 왜일까요? 아직 좁히지 못한 육아휴직급여 때문일 겁니다. 그리고 이것은 소희와 같은 비정규직에게만 해당되는 문제가 아닙니다. 동네에서 작은 꽃가게를 운영하던 하선도, 프리랜서 작가로 일하는 나영도 똑같이 겪는 일입니다.

신분의 차이로 발생하는 이러한 결과는 과연 올바를까요? 혹은 합리적일까요? 제도가 이러니 어쩔 수 없다는 생각은 잠시 접어두었으면 합니다. 이 책에서 함께 이야기해보고자 하는 것은 바로 그러한 의문, 현행 육아휴직급여 제도의 정당성 및 합리성에 관한 것이기 때문입니다.

02.

육아휴직제도는 어떻게 변해왔나

　　국가가 만든 제도의 정당성을 논한다는 것이 어쩌면 쓸모없는 일처럼 느껴질 수도 있습니다. 이 책을 쓰는 저나 읽는 여러분이나 법률을 만드는 국회의원도, 국가 제도의 초안을 설계하는 5급 이상의 공무원도, 법과 제도의 정당성을 가름하는 판사도 아니니까요.

　　하지만 모든 법제도는 변화를 전제로 하며, 이것은 국민 일반이 가진 인식을 토대로 행해집니다. 독일의 철학자 헤겔 (Georg Wilhelm Friedrich Hegel)은 인간의 인식이 '긍정 → 부정 → 종합'이라는 3단계로 나아간다고 주장했는데, 이것은 법제도에서도 마찬가지입니다. 현행 법제도가 '긍정'이라면 개정된 법제도는 '종합'입니다. 그리고 그 가운데 있는 단계인 '부정'은 현행 법제도에 관한 우리 일반 사람들의 인식일 겁니다. 국회나 정부가 내놓는 법제도의 개정안들은 이 보통의 인식들을 기반으로 하기 때문입니다. 그렇게 개정된 법제도는 그대로 머물러 있을 수 없습니다. '종합'이었던 개정 법제도는 어느새 '긍정'의 현행 법제도가 되어 다른 '부정'을 맞이하게 됩니다. 그런 반복 과정들 속에 법제도는 변해갑니다.

그 대표적인 법제도가 육아휴직제도일 겁니다. 육아휴직제도는 34년 동안 숱하게 변해왔거든요. 이렇게 빈번히 바뀌었다면 앞으로도 바뀔 가능성이 충분합니다. 그 차원에서 육아휴직제도가 지금까지 어떻게 변해왔는지를 알아볼 필요가 있습니다.

육아휴직 활성기 이전

육아휴직제도는 1987년 「남녀고용평등법」의 제정과 함께 도입되어 이듬해부터 시행되었습니다. 앞에서도 잠시 말씀드렸듯이 그 당시 육아휴직제도는 지금과 많이 달랐습니다. 가장 큰 두 가지만 꼽아보기로 하지요.

첫째, 육아휴직을 사용할 수 있는 사람이 지금과는 달랐습니다. 육아휴직제도 초창기, 육아휴직을 신청할 수 있는 사람은 여성근로자에 한정되었습니다. 정확히 하자면 만 1세 미만의 자녀를 가진 여성근로자. 자연스레 주목되는 단어가 있죠? '여성'에서 바로 드는 생각이 '이런 성차별적 인식이 있을까?'일지 모릅니다. 하지만 이건 지금의 시각에 불과합니다. 그 당시 시대 상황은 그러했습니다. 1980년대의 대한민국에서 육아는 전적으로 여성의 몫이었던 것이죠. 육아휴직제도의 도입 목적은 지금과 같은 일·가정 양립이 아니었습니다. 숙련된 여성근로자가 육아로 인해 노동현장을 완전히 이탈하는 것을 방지하는 것이 육아휴직제도의 실질적 목적이었습니다.[1] 1980년대 중반만 해도 숙련된 노동인력이 부족한 시절이었으니까요. 참고로 육아휴직에서 일·가정 양립이 모성 보호와 함께 법률상의 목적이 된 것은 2001년에 이르러서입니다.

남성이 육아휴직을 할 수 있게 된 시기는 제도가 도입된 지 8년이 지난 1995년이었습니다. 하지만 1995년을 남성 육아휴직이 시작된 해라고는 볼 수 없습니다. 육아휴직을 신청할 수 있는 사람은 기본적으로 여성근로자였거든요. 남성근로자가 육아휴직을 할 수는 있었는데, 여성근로자를 대신하는 배우자로서만 가능하다는 조건이 붙었습니다. 여성근로자인 아내의 대체자일 뿐이었던 거죠. 남성근로자가 독자적으로 자격을 가지고 육아휴직을 할 수 있게 된 시기는 다시 6년이 지난 2001년부터였습니다.

둘째, 육아휴직급여가 지금과는 달랐습니다. 육아휴직급여의 액수가 다른 것이 아니라 육아휴직급여 자체가 없었습니다. 그 당시 아이를 키우며 국가로부터 돈을 받는다는 것은 생각할 수가 없었거든요. 육아휴직급여가 도입된 시기는 육아휴직제도가 시작된 후 14년이 흘러서였습니다. 2001년 월 20만원인 육아휴직급여액은 시작 시점임을 고려하더라도 매우 작은 돈이었습니다. 20만원으로 복직까지 계획된 육아휴직을 유도할 수는 없을 것 같습니다. 이 금액은 4번의 개정을 통해 10년 후인 2011년에는 월 100만원으로 인상됩니다.

1988년 육아휴직제도가 시행된 이후 2021년에 이르기까지 33년간의 주요 변천 내용을 [표 1]로 정리해보았습니다. 표를 앞에 두면 자연스럽게 눈이 가는 곳이 왼쪽의 시행연도일 겁니다. 제도 시행 시부터 13년 동안 주요한 변경 사항이라고는 없었습니다. 육아휴직이 제도화된 1987년부터 2000년까지의 기간을 하나로 묶어 '육아휴직 0기' 혹은 '육아휴직 형식기'라고 말해도 무방해 보입니다.

　　남성도 육아휴직의 당당한 주체가 된, 그리고 육아휴직수당이 도입된 2001년을 거치면서 육아휴직제도는 실질적인 변화를 시작하게 됩니다. 육아휴직 신청자의 범위가 확대되었고 육아휴직급여의 인상이 계속되었습니다. 육아휴직의 실질화를 위한 변화들이라고 보입니다. 2001년부터 2013년까지 13년간을 다시 하나로 묶어 '육아휴직 1기' 또는 '육아휴직 실질기'라고 표현할 수 있습니다.

[표 1] 육아휴직제도 주요 연혁

시행연도	주요 변경 내용
1988 년	• 육아휴직 신청자 : 만 1세 미만 자녀가 있는 여성근로자 • 육아휴직 기간 : 출산전후휴가를 포함하여 1년 이내
1995년	• 육아휴직 대체자 추가 : 여성근로자를 대신하는 배우자인 남성근로자 • 육아휴직의 기한 설정 : 자녀가 만 1세 되는 날
2001년	• 육아휴직 신청자 확대 : 양성근로자 모두 가능 　- 불허 사유 신설 : 근로기간이 1년 미만일 경우, 배우자가 육아휴직 중인 경우 • 육아휴직급여 지급 근거 규정 신설 : 월 20만원

2002년	• 육아휴직급여 인상 : 월 30만원
2004년	• 육아휴직급여 인상 : 월 40만원
2006년	• 육아휴직 신청자 확대 : 만 3세 미만 자녀가 있는 양성근로자 • 육아휴직 기한 변경 : 자녀가 만 3세 되는 날
2007년	• 육아휴직급여 인상 : 월 50만원
2008년	• 육아휴직 기한 삭제
2010년	• 육아휴직 신청자 확대 : 만 6세 이하의 초등학교 취학 전 자녀가 있는 근로자
2011년	• 육아휴직급여 인상 : 월 통상임금의 40%(상한액 월 100만원, 하한액 월 50만원) • 육아휴직급여 유예제도 신설 : 급여의 15%는 복직 후 6개월 근무 시 지급
2012년	• 기간제(파견)근로자의 육아휴직 : 사용(파견)기간에서 휴직 기간 산입 제외
2014년	• 육아휴직 신청자 확대 : 만 8세 이하 또는 초등학교 2학년 이하의 자녀가 있는 근로자 • 아빠 육아휴직 보너스제 신설 : 최초 1개월은 월 통상임금 100%(상한액 150만원)
2015년	• 육아휴직급여 유예제도 변경 : 급여의 25%는 복직 후 6개월 근무 시 지급
2016년	• 아빠 육아휴직 보너스 인상 : 최초 3개월은 월 통상임금(상한액 150만원)
2017년(1차)	• 아빠 육아휴직 보너스제 변경 - 첫째 자녀 : 상한액 150만원 - 둘째 이상 자녀 : 상한액 200만원
2017년(2차)	• 육아휴직급여 인상 - 첫 3개월 : 월 통상임금의 80%(상한액 월 150만원, 하한액 월 70만원) - 3개월 이후 : 월 통상임금의 40%(상한액 월 100만원, 하한액 월 50만원)

2018년(1차)	• 육아휴직 신청 불허 사유 축소
	  - 불허 사유 : 근로기간이 6개월 미만일 경우, 배우자가 육아
	    휴직 중인 경우

2018년(2차)	• 아빠 육아휴직 보너스 인상 : 최초 3개월 상한액 200만원

2019년	• 육아휴직급여 인상
	  - 첫 3개월 : 월 통상임금의 80%(상한액 월 150만원, 하한액
	    월 70만원)
	  - 3개월 이후 : 월 통상임금의 50%(상한액 월 120만원, 하한
	    액 월 70만원)
	• 아빠 육아휴직 보너스 인상 : 최초 3개월 상한액 250만원

2020년	• 육아휴직 신청 불허 사유 축소
	  - 불허 사유 : 근로기간이 6개월 미만일 경우
	• 아빠 육아휴직 보너스제 적용 제외 신설
	  - 같은 자녀에 대한 부모의 육아휴직기간이 겹치는 경우

2021년	• 육아휴직 신청자 확대 : 여성근로자의 경우 임신 중 육아휴직 가능

육아휴직 활성기

이렇게 육아휴직 변천사를 시기별로 구분한다면, 2014년 이후는 당연히도 '육아휴직 2기'라고 부를 수 있습니다. 2기에서는 육아휴직의 실질화를 넘어 활성화를 위한 제도 변경이 이루어집니다. '육아휴직 활성기'라는 표현이 가능합니다. 2기의 시작점인 2014년의 제도 변경을 확인한다면 '활성기'라고 이름 붙인 이유를 짐작하실 거예요.

먼저 육아휴직을 신청할 수 있는 범위가 늘어납니다. 자녀가 만 8세 이하이거나 초등학교 2학년 이하라면 육아휴직을 신청할 수 있게 됩니다. 자녀의 나이가 만 6세에서 만 8세로 늘어난 것이 무슨 그리 큰 변화냐 할 수도 있습니다. 단순히 2년 더 늘린 건데 말이죠.

그런데 만 6세에서 만 8세 사이에 자녀의 삶엔 중요한 일이 일어나게 됩니다. 바로 초등학교 입학입니다. 이전에 다녔던 어린이집이나 유치원과는 다른, 대한민국 국민이라면 의무적으로 받아야 하는 초등교육을 받기 시작하는 거죠. 이때 부모들 마음이 분주해지는 건 당연합니다. 자녀의 초등학교 적응뿐 아니라 학습에 관한 고민이 시작됩니다. 학원 정보를 획득하고 학원과 내 자녀의 궁합을 테스트하기도 하지요. 이전에는 생각해본 적 없던 학부모 모임도 신경 쓰입니다. 부모들은 고민에 빠지게 됩니다. 회사를 계속 다니면서 아이를 잘 도와줄 수 있을까? 물음표를 몇 개 연달아 이어 붙여도 괜찮을 만큼 이 의문에는 답이 안 나옵니다. 결국 퇴사에 대한 진지한 고민으로까지 이어집니다. 자녀 뒷바라지를 위해 회사를 그만둔다는 것이지요. 맞벌이를 할 때 고용하게 되는 가사 노동자 비용까지 고려하면 퇴사가 합리적인 선택이라는 생각까지 듭니다.

2014년의 육아휴직 신청자 확대는 부모들의 이러한 풀리지 않는 고민을 해결해주었습니다. 육아휴직을 통해 자녀의 학교 및 학원 적응을 도울 수 있게 된 것이죠. 만 6세에서 만 8세로의 자녀 나이 범위 변화가 2년 연장을 넘어서는 이유입니다.

또 2014년의 중요한 변화는 아빠 육아휴직 보너스제의 도입입니다. 육아휴직 신청자에 아빠가 본격적으로 포함된 해는 2001년이었지만 아빠가 육아휴직을 결심하는 것은 쉬운 일이 아니었습니다. 일반적으로 아빠의 임금이 엄마에 비해 높기 때문입니다. 아빠의 높은 임금을 낮은 육아휴직급여로 바꾸는 건 가족생활에 있어 작지 않은 모험이거든요. 물론 육아는 엄마 책임이라는 사회적 인식, 이 깨져야 하지만 아직은 깨지지 않은 인식 역시 중요한 원인이었지요.

그래서 생각해낸 것이 동일한 자녀에 대해 두 번째 육아휴직을 하는 부모에게는 첫 3개월 동안만이라도 급여를 더 주자는 육아휴직급여 특례 제도입니다. 이 두 번째 육아휴직자는 엄마가 되든 아빠가 되든 상관은 없습니다. 하지만 엄마는 대개 육아휴직을 출산전후휴가와 붙여 쓰는 첫 번째 육아휴직자가 됩니다. 그러한 이유로 이 특례 제도를 적용받는 사람은 아빠가 대부분이지요. 이에 육아휴직급여 특례 제도는 '아빠 육아휴직 보너스제'라고 불립니다. 사람들이 더 쉽게 알 수 있도록 도와주는 별칭입니다.

아빠 육아휴직 보너스제는 앞에서 언급한 육아휴직 신청 범위 확대와 맞물려 꽤 효과를 냅니다. 엄마가 출산전후휴가와 육아휴직기간 1년을 모두 붙여 사용했다면, 자녀의 초등학교 입학 시점에는 다시 육아휴직을 신청할 수 없습니다. 이때 아빠가 육아휴직을 쓰게 됩니다. 아빠 육아휴직 보너스로 수입 감소를 조금이라도 줄이면서 말이죠.

2014년 이후에도 육아휴직 활성화를 위한 제도의 변경이 많았습니다. 첫째, 2018년 개정에서는 근로기간이 1년이 안 된 근로자도 육아휴직을 실시할 수 있도록 하였습니다. 2017년까지는 1년 미만 근로자의 육아휴직 신청을 사용자가 거부할 수 있었거든요. 여기에 대해서 학계의 비판이 계속되어왔었습니다. 자녀 양육의 필요성 및 일·가정 양립이라는 육아휴직의 취지와 정면으로 배치된다는 지적이 있었고[2] 1년 이상 근로자와 1년 미만 근로자를 다르게 취급한다는 것이 헌법상 평등의 원칙에 위배된다는 지적도 있었습니다. [3] 이에 2018년 개정에서는 육아휴직 불허 사유를 근로기간 1년 미만에서 6개월 미만으로 변경한 것이죠.

물론 6개월 미만의 근로자에 대해 육아휴직을 불허한다는 것 또한 앞에 있었던 지적들이 동일하게 적용될 수는 있습니다. 다만 기업의 인력 운영 측면에서 6개월이라는 기준은 양해가 가능할 것도 같습니다.

둘째, 2020년부터는 부부가 동시에 육아휴직을 할 수 있게 되었습니다. 그 전에는 동일한 자녀에 대해 배우자가 육아휴직을 하는 중이라면 사용자는 육아휴직을 불허하는 것이 가능했어요. 이 규정은 양성 모두가 육아휴직을 할 수 있게 된 2001년부터 존재하고 있었습니다. 하지만 학계에서는 부부가 함께 육아휴직을 하는 것을 불허하는 이유에 대해 의문을 제기해왔습니다. 자녀 양육을 위해 필요하다면 부부가 동시에 육아휴직을 사용할 수도 있다는 것이죠.[4] 결국 이 제한 규정은 약 20년 만에 삭제되었습니다.

셋째, 이 기간 동안 육아휴직급여의 금액 및 제도의 변경이 빈번하게 이루어졌습니다. 육아휴직의 사용을 늘리려는 노력이었죠. 2017년에는 월 통상임금의 40%(상한액 100만원, 하한액 50만원)였던 육아휴직급여가 첫 3개월에 한해 월 통상임금의 80%(상한액 150만원, 하한액 70만원)로 두 배 증액됩니다. 2019년에는 다시 첫 3개월 이후 육아휴직급여도 월 통상임금의 50%(상한액 120만원, 하한액 70만원)로 25% 인상

되죠.

아빠 육아휴직 보너스제 역시 네 번의 변경이 있었습니다. 2014년에 최초 1개월, 상한액 100만원으로 시작된 아빠 육아휴직 보너스제는 2016년에는 3개월로 연장됨과 동시에 상한액도 150만원으로 증액되었습니다. 2017년에는 둘째 이상 자녀에 한해서만 200만원으로 증액되었다가 2018년에는 자녀의 순서와 관계없이 200만원으로 단일화됩니다. 그 후 2019년에는 다시 250만원으로 25% 상향됩니다.

한편 2021년의 월 최저임금은 182만 2,480원이다(209시간 기준). 아빠 육아휴직 보너스제를 최저임금과 비교할 때 드는 감정은 두 가지다. '이 보너스가 아빠들의 육아휴직을 유인할 수 있겠구나'라는 반가움과 동시에 '육아휴직급여액에도 못 미치는 풀타임 노동자가 많겠구나'라는 씁쓸함이다.

육아휴직자의 확대

육아휴직 제2기의 이러한 제도 정비는 목적한 바대로 육아휴직자의 확대를 가져옵니다. [5] 고용노동부 통계에 따르면 2019년의 육아휴직자는 105,165명이었는데, 이는 5년 전인 2014년 76,831명 대비 36.9%가 늘어난 숫자입니다. 특히 남성 육아휴직자가 대폭 증가했습니다. 2019년의 남성 육아휴직자는 22,297명으로 2014년 3,421명의 6.5배에 달하는 숫자죠. 육아휴직자의 수가 증가함에 따라 육아휴직 지원금으로 지출된 비용도 늘어났습니다. 2014년 500,663백만원이었던 지원금은 2019년에는 그 배가 넘어가는 1,067,303백만원으로 증가했습니다.

[표 2] 연도별 육아휴직 통계

(단위 : 명, 백만원)

연도		2014	2015	2016	2017	2018	2019
육아휴직자수	여성 근로자	73,410	82,467	82,179	78,080	81,537	82,868
	남성 근로자	3,421	4,872	7,616	12,042	17,662	22,297
	계	76,831	87,339	89,795	90,122	99,199	105,165
육아휴직지원금액	여성 근로자	482,743	592,238	585,186	625,270	733,354	893,523
	남성 근로자	17,920	27,425	40,057	55,160	105,729	173,780
	계	500,663	619,663	625,243	680,430	839,083	1,067,303

03.

원초적 질문

사례 다시 보기

　최근 5년간 많아진 육아휴직자의 수만을 생각한다면 우리나라 육아휴직 제도가 활성화되었다고 평가할 수 있습니다. 혹은 발전했다는 평가도 가능할 것만 같습니다. 하지만 그렇게 긍정적으로만 평가하기에는 허전합니다. 뭔가 놓치고 있다는 생각도 듭니다. 소희! 우리는 책의 맨 앞에서 만났던 소희를 놓치고 있었습니다. 비정규직이라는 이유로 육아휴직급여를 받지 못한 소희, 제도 바깥에 있는 소희의 이야기 말입니다.

누군가는 소희의 사례에 대해 제도와는 상관없는 개인의 문제라고 말할지도 모르겠습니다. 제도상으로는 기간제나 파견직, 즉 계약직 근로자들도 육아휴직을 신청할 수 있으니까요. 만일 소희의 출산일이 근로계약 만료일에 한참 앞서 있었다면, 예를 들면 2019년 10월 이전이었다면 소희는 출산전후휴가 90일뿐 아니라 육아휴직 역시 들어갈 수 있었을 테니 말입니다. 맞는 말입니다. 하지만 그렇게 시작된 육아휴직은 2019년 12월 31일 근로계약과 함께 끝이 납니다. 육아휴직급여는 육아휴직과 연동되며, 현행법상 육아휴직은 재직자만을 대상으로 이루어지니까요. 고용노동부 또한 같은 입장입니다. 행정해석을 옮겨보면 아래와 같습니다.

"기간제 근로자가 근로계약기간 중에 출산휴가를 쓰고 남은 기간에 대하여 육아휴직을 쓸 경우 계약이 만료되는 시점에 육아휴직을 썼다는 이유만으로 근로계약 기간이 자동연장은 되지 않으며, 사업주가 재계약을 하지 않을 경우 모든 휴가, 휴직은 자동 종료됨"[6]

물론 회사가 마음만 먹는다면 기간제 근로자의 근로계약을 연장하고 육아휴직을 부여할 수도 있습니다. 육아휴직기간은 기간제 근로자의 최대 사용기간(2년)에 산입되지 않기에, 회사가 그런 결정을 한다고 하여도 육아휴직을 한 기간제 근로자가 정규직 근로자로 전환되어야 하는 것은 아닙니다. 더구나 회사가 육아휴직을 부여하면 월 30만 원씩의 출산육아기 고용안정장려금을 고용보험으로부터 받을 수도 있습니다. 하지만 복직 후 몇 달간만 일하고 떠날 사람을 위해 근로계약을 연장해줄 회사가 얼마나 있을까요? 회의적이기만 합니다.

민지와 소희의 이야기에서 접하게 되는 차별적 상황. 여기에 대한 문제 제기는 오래전부터 있어왔습니다. 11년 전 논문에서 신경아는 육아휴직의 확대 필요성을 인정하면서도 아래와 같이 경고한 바 있습니다.

"현실적인 효력의 범위가 대기업과 공공부문에 한정되고 정규직 노동자에 제한될 위험성이 크다."[7]

안타까운 건 지금도 이 경고가 여전히 유효하다는 것입니다. 제도 적용에서 장소적 범위는 중견·중소기업까지 확대되었으나, 인적 범위는 여전히 정규직 노동자를 넘어서지 못했으니 말입니다.

한편 2021년의 남녀고용평등법 개정으로 인해 임신 중인 여성근로자도 모성 보호라는 목적하에 육아휴직을 쓸 수 있게 되었다. 이 개정으로 인해 소희와 같은 비정규직 근로자들이 육아휴직을 (근로계약 기간 내에 있는) 임신 기간으로 자유롭게 앞당겨 사용할 수 있을 것이라는 바람 섞인 예측도 가능하다. 임신 중 육아휴직의 목적인 모성 보호에 대해서는 대통령령으로 구체화될 것이기에, 그 내용에 따라 비정규직 근로자들의 희비가 엇갈리게 된다. 책의 원고를 마무리하는 시점에는 개정 대통령령이 나오지 않은 탓에 여기에 명확히 답할 수는 없다. 하지만 국회에서의 논의 과정을 살핀다면 이 예측은 바람으로 끝날 가능성이 높다. 이 개정이 보호하고자 하는 범위는 임신 중 유산·조산의 위험이 있는 여성근로자들이기에, 대통령령이 정하게 될 임신 중 육아휴직의 신청 방법 및 절차에도 이러한 내용이 포함될 확률이 크기 때문이다. 참고로 출산전후휴가 분할 사용제도 역시 이와 동일한 목적을 가지고 있는바, 대통령령은 분할의 사유를 다음 세 가지로 정하고 관련 서류를 사업주에게 제출하도록 하고 있다.

1. 임신한 근로자에게 유산·사산의 경험이 있는 경우
2. 임신한 근로자가 출산전후휴가를 청구할 당시 연령이 만 40세 이상인 경우
3. 임신한 근로자가 유산·사산의 위험이 있다는 의료기관의 진단서를 제출한 경우

원초적 질문

신경아의 비판은 타당합니다. 하지만 이것으로는 충분하지 못합니다. 육아휴직과 관련해서는 좀 더 원초적인 의문이 제기될 필요가 있습니다. 이 책은 그것에 관해 함께 논의하려 합니다.

- 휴직자가 아닌 자, 즉 직장에 소속되지 않은 노동자에게는 (육아휴직자의 육아휴직급여와 같이) 육아전념 기간에 제공되는 급여가 필요치 않은가?
- 직장에 소속되어 있는 노동자에게만 육아휴직급여를 지급하는 것이 타당한가?

본격적인 검토에 앞서 생각해볼 것이 두 가지 있습니다.

첫째, '휴직'이라는 단어입니다. 일반적으로 '휴직'이라는 단어는 지위나 신분을 유지하면서 상당 기간 직무를 쉬는 상황을 의미합니다. 즉 휴직 사유가 없어지면 일터로의 복귀가 예정된 상태를 말하죠. 그래서 직장에 소속되어 있지 않은 상황, 예를 들면 퇴직 이후의 상황에서는 '휴직'이 불가능합니다.

　　하지만 임금을 대가로 한 종속노동에서만, 즉 재직자라는 신분을 유지하고 있어야만 휴직이 가능한지에 관해서는 다시 생각할 필요가 있습니다. '휴직(休職)'은 직장(職場)을 쉬는 것뿐 아니라 직업(職業)을 쉬는 것 역시 의미한다고 해석해야 하지 않을까요? 휴직을 이렇게 생각한다면 임금을 대가로 한 종속노동에서만, 즉 재직자만 휴직이 가능하다고 볼 필요는 없습니다.

　　일반적인 생각, 즉 직장에 소속되어야만 휴직이 가능하다는 관념은 일하는 사람이 아니라 그를 고용하여 일을 시키고 월급을 주는 사용자의 관점에 불과합니다. 사용자의 관점에서 고용관계가 끊어진, 즉 퇴사한 사람은 이 세상에 존재하지 않는 이와 같을 테니까요. 없는 존재가 휴직이라는 상태를 가질 수는 없기 때문입니다.

　　하지만 휴직을 일하는 사람 관점에서 본다면 달라져야 합니다. 휴직은 일하는 장소와는 상관이 없습니다. 직장에 소속된 채 일을 쉬든, 기존의 직장을 그만두고 일을 쉬든, 생계를 위한 소득활동을 쉰다는 것에는 차이가 없습니다. 직업 활동을 쉬는 것이지요. 헌법재판소 역시 직업(職業)에 대해 생활의 기본적 수요를 충족시키기 위한 계속적인 소득활동이라고 풀이하며 그 종류나 성질은 묻지 않습니다.[8] 휴직을 이렇게 생각한다면 기간제 근로자였던 소희도, 작은 꽃가게를 운영하던 하선도, 프리랜서 작가로 일하던 나영도 모두 휴직을 할 수 있는 사람들이 됩니다.

두 번째, 사회보장제도로서의 육아휴직급여입니다. 육아휴직급여는 노동관계를 규율하는 제도임과 동시에 사회보장을 위한 제도입니다. 사회보장은 사회적 위험, 즉 출산, 양육, 실업, 노령, 장애, 질병, 빈곤 및 사망 등으로부터 모든 국민을 보호하는 것을, 그리하여 삶의 질을 향상시키는 것을 목적으로 합니다. 사회적 위험은 그 발생만으로 우리가 누리고 있는 삶의 안정을 위협합니다. 출산과 양육 역시 마찬가지죠. 소득활동이 어려워지니까요.

물론 다른 사회적 위험들과 비교하자면 차이를 찾을 수는 있습니다. 출산·양육을 행하는 이들의 대부분은 다른 사회적 위험들처럼 이를 피하지 못한 것이 아닙니다. 오히려 그 반대입니다. 이 위험을 감수하겠다고 선택한 것이죠.

그렇다고 할지라도 변하지 않는 사실도 있습니다. 소득활동에 출산과 양육은 큰 장애라는 것이지요. 또 이 시기에 겪는 소득활동의 어려움은 직종이나 근무 형태를 가리지 않습니다. 정규직이 출산·양육으로 인해 일하기가 어려워지는 것처럼 비정규직과 프리랜서, 자영업자 역시 마찬가지란 것이죠. 이러한 사실은 직장에 속해 있는 사람들에게만 육아휴직급여를 지급하는 현행 제도에 의문을 제기하도록 합니다. 왜 똑같은 사회적 위험인데 재직 여부로 보호 여부가 달라지는지, 그렇게 하는 것이 과연 정당한지에 대해서 말입니다.

육아휴직급여를
받으려면
반드시 직장이
필요할까

이 책이 무엇을 말하려고 하는지는 제목에서부터 이미 눈치채셨을 겁니다. 직장에 속해 있지 않은 노동자에게도 육아휴직급여를 주어야 한다는 것이죠. 이번 장은 왜 그래야 하는지에 관해 논증하려고 합니다.

논증은 대개 A라는 주장이 있다면 왜 A인지 직접적으로 근거를 밝히는 방식으로 이루어집니다. 하지만 때에 따라서는 A라는 주장에 대한 직접적인 논증보다는 그 역인 'not A'에 대한 반박이 더 효과적이기도 해요. 특히 'not A'가 당연하게 받아들여지고 있거나, A와 'not A' 모두 논쟁에서 비켜 있을 때가 그러합니다.

재직하지 않는 자에게도 육아휴직급여가 필요하다

는 주장 역시 여기에 속합니다. 육아휴직급여는 휴직을 위한 제도이며, 휴직은 재직 근로자만이 가능하다는 사고가 너무 당연하게 받아들여지고 있거든요. 그러하기에 이 장에서는 '재직하지 않는 자에게는 육아휴직급여의 지급이 불필요하다'는 주장과 그 근거를 가상적으로나마 제시하고, 이에 대해 반박하는 방식으로 논의를 전개해나갈 예정입니다.

04.

육아휴직급여는 왜 주어지나

육아휴직급여의 목적

재직하지 않는 자에게는 육아휴직급여의 지급이 불필요하다는 주장의 가장 강력한 논거는 무엇일까요? 벌써 여러 번 이야기한 바와 같이, 육아휴직급여가 육아휴직의 실시를 위한 제도라는 것입니다[9] 이러한 사고는 육아휴직과 육아휴직급여를 하나의 육아휴직'제도'로 만들어버립니다. 육아휴직급여가 없다면 육아휴직 또한 유명무실해진다는 것이죠. 육아휴직제도에 관한 연구자들의 설명 또한 이러한 인식을 반영하고 있습니다. "출산 이후 자녀를 양육하기 위하여 필요한 육아휴가 및 해당 제도를 사용함에 따라 발생하는 소득 손실을 일부 보장하기 위한 급여를 포괄하는 제도로, 자녀를 출산하고 양육하는 근로자들에게 일자리에서 떠나 양육에 전념할 수 있는 권리를 부여하는 제도"[10]처럼 말이죠.

그렇다면 육아휴직급여는 왜 주어지는 것일까요? 육아휴직과 육아휴직급여가 한 쌍이라면, 육아휴직급여의 목적 또한 육아휴직과 같을 겁니다. 육아휴직의 목적, 여러 가지가 있겠지만 주된 목적은 일과 가정의 양립입니다.[11] 그렇다면 육아휴직급여의 목적 또한 일과 가정의 양립이 됩니다.

일·가정 양립의 의미

일과 가정의 양립이란 어떤 의미일까요? 언제 일과 가정을 양립시키라는 의미일까요? 혹시 육아휴직기간일까요?

이 문제를 풀기 위해 육아휴직급여를 지급받는 기간, 즉 육아휴직기간을 들여다볼 필요가 있습니다. 그런데 육아휴직자가 이 기간 동안 일과 가정을 양립하고 있다고 볼 수 있을까요? 아니라고 말할 수밖에 없습니다. 육아휴직자는 그 기간 동안 가정에 전념하고 있거든요. 그의 삶에서 육아휴직기간만을 잘라서 관찰한다면 일과 가정의 양립을 찾아볼 수는 없습니다. 가끔 급한 일 때문에 회사에서 연락을 받는 일이 생길 수는 있지만, 그것만으로 일과 가정이 양립하고 있다고 말할 수는 없습니다. 더구나 육아휴직기간 중 회사의 급한 일을 처리했다고 해서 월급이 나오는 일은 없거든요.

그렇다면 일·가정 양립을 육아휴직급여의 목적으로 인식하기 위해서는 기간을 어떻게 삼아야 할까요? 육아휴직기간이 아니라 육아휴직자의 삶 전체를 그 판단 기간으로 보아야 한다는 결론이 나옵니다. 그렇게 한다면 일과 가정이 양립할 수 있습니다. 육아휴직기간 후 돌아갈 직장이 정해져 있으니 말이죠. 육아휴직기간 동안 매월 받는 육아휴직급여는 75%에 불과하고, 복직 후 6개월을 근무해야만 육아휴직급여의 나머지 25%를 받을 수 있는 것 또한 일·가정 양립에 관한 이러한 이해를 바탕으로 합니다. 육아휴직을 끝낸 후 일터에 복귀하지 않는다면 육아휴직급여 전액을 지급하지 않겠다는 의도인 것이죠.

재직하지 않는 자와 일·가정 양립

　　일·가정의 양립을 육아휴직기간이라는 육아전념기간이 아니라 삶 전체로 이해한다는 것. 이것이 육아전념기간 동안 직장에 속하지 못한 자, 즉 재직하지 않는 자에게 육아휴직급여를 줄 수 없다는 논거가 될 수 있을까요? 그렇지 않습니다. 비재직자나 육아휴직자나 육아전념기간 동안 일을 통한 소득활동이 없다는 건 동일하거든요. 비재직자가 육아휴직자와 다른 점은 육아전념기간이 종료된 후 복귀할 일터가 정해지지 않았다는 것에 불과합니다. 더 정확히 표현해볼까요? 육아전념기간 종료 후의 기본값이 육아휴직자는 임금근로자로 설정되어 있으나, 재직하지 않는 자는 비경제활동인구 또는 실업자로 설정되어 있다는 것이지요. 하지만 이것은 기본값일 뿐입니다. 고정값이 아니죠. 재직자가 육아휴직기간 종료 후에 사직서를 제출할 수도, 재직하지 않는 자가 육아전념기간 종료 후에 재취업에 성공할 수도 있는 일입니다. 맨 앞에서 본 소희의 사례가 후자에 속하죠.

　　소희의 삶에 대해 일·가정 양립과 거리가 멀다고 말할 수 있을까요? 아닙니다. 일과 가정의 양립이란 삶 전체로 보아 일과 가정을 다 챙겨나가는 상태, 그 어느 하나도 포기하지 않는 상태이기 때문입니다.

한 발짝 더 나아가 보죠. 육아전념기간이 끝난 후 돌아갈 직장이 있는 사람과, 육아전념기간이 끝난 후 직장을 다니는 사람. 이 두 사람이 가지는 일·가정 양립의 정도를 비교한다면 어떨까요? 일과 가정의 양립이라는 가치의 존중은 당연히 일·가정의 양립이 현실화된 후자가 더 높을 것입니다. 그럼에도 불구하고 육아전념기간 종료 후 재취업한 사람에게 육아휴직급여를 지급하지 않는 것이 타당한 일일까요? 아니라는 답이 나옵니다.

노동시장 이탈과 개인의 책임

그렇다면 이 불합리를 어떻게 제거해야 할까요? 어쩌면 우리는 재직하지 않는 자가 육아전념기간 종료 후에 재취업할 경우에'만' 육아휴직급여를 지급하자는 상상을 해볼 수도 있습니다. 타당할까요? 저는 그렇게 생각하지 않습니다. 현재의 노동시장에서 완전고용은 불가능하며, 소위 '경력단절여성'의 재취업은 개인의 선택이나 능력의 영역을 벗어났기 때문입니다. 관련해서 2019년 여성가족부의 실태

조사를 함께 살펴보고자 합니다. 이 조사에 따르면 경력단절을 경험한 이후 상용근로자 비율은 28.4%p(83.4%→55.0%) 줄어들었지만, 임시근로자(7.8%→14.6%)와 혼자 일하는 자영업자(4.8%→17.5%)의 비율은 높아졌습니다(표3 참조).[12] 출산·육아로 발생한 경력단절로 인해 여성들이 얻을 수 있는 일자리의 질이 하락한 것입니다. 일반적으로 상용근로자가 다른 일자리에 비해 좋은 일자리라고 이해되고 있으니까요.

재취업만이 아닙니다. 지금의 노동시장 구조를 감안한다면, 비정규직이나 중소형 사업장의 근로자가 쉽게 육아휴직을 사용하지 못하리라는 짐작 역시 가능합니다. 육아를 이유로 하여 사직이나 휴직, 둘 중 하나를 선택할 수 있는 계층은 괜찮은 직장의 정규직 노동자로 한정되는 거죠. 이를 반영하듯 앞의 같은 조사에 따르면 응답자의 경력단절 당시 일자리의 사업체 규모는 30인 미만 사업장이 65%였으며, 대기업이라 할 수 있는 300인 이상 사업장은 8.8%에 불과했습니다.[13]

[표 3] 경력단절 후 첫 번째 일자리 종사상 지위

(단위: %)

구 분	상용근로자		임시근로자		혼자 일하는 자영업자	
	단절 전	단절 후	단절 전	단절 후	단절 전	단절 후
2019년	83.4	55.0	7.8	14.6	4.8	17.5
2016년	81.6	44.7	10.4	27.6	5.1	14.4

* 기타 : 일용근로자, 고용원이 있는 자영업자, 무급가족봉사자
주1: 경력단절 당시 일자리의 경우 경력단절 경험한 전체 여성을 대상으로 함.
주2: 경력단절 후 첫 일자리의 경우 경력단절 경험 후 취업한 경험이 있는 여성을 대상으로 함.

육아전념으로 인한 노동시장 이탈은 개인의 책임이 아닙니다. 많은 수의 여성이 일·가정 양립을 '안' 하는 것이 아니라 '못' 하고 있습니다.

이러한 현실은 육아휴직자에게만 육아휴직급여를 지급하는 것이 합당한가에 관해 의심을 불러일으킵니다. 이것은 합리적인 의심 아닐까요? 재직하지 않는 자들에게 일·가정의 양립은 하고자 하여도 할 수 없는 일이기 때문입니다.

05.

육아휴직과 육아휴직급여는 한 쌍이어야 할까

꼬리에 꼬리를 무는 질문

노동법은 종속노동을 대상으로 삼는 법입니다. 종속노동이란 다른 이에게 대가를 지급받으며 그의 밑에서 일하는 것을 말합니다. 근로기준법에서 '근로자'라고 칭하는 사람들은 종속노동자들이죠. 그리고 현행 육아휴직급여제도는 이를 전제로 운영되고 있습니다. 법률상 육아휴직급여는 육아휴직을 하는 근로자에게 지급되는 것으로 정해졌으니까요. 이렇게 육아휴직과 육아휴직급여는 한 쌍이 됩니다. 그래서 종속노동을 하지 않는 이들은 육아휴직급여를 받을 수 없게 됩니다. 질문을 하나 던져보죠.

- 육아휴직과 육아휴직급여는 한 쌍이어야 할까?

이것은 답을 찾고자 하는 질문이 아닙니다. 육아휴직과 육아휴직급여가 한 쌍이어야 한다는 규범적이고 당위적인 생각을 잠시 지워보자는 제안입니다. 그렇게 한다면 다시 새로운 의문이 찾아옵니다. 근로기준법상 근로자만 육아휴직급여를 받는 것이 옳은 일일까? 이 의문은 또 다른 의문을 내포합니다. 육아휴직급여의 목적인 일·가정 양립에서의 일은 반드시 종속노동이어야 하는가? 꼬리에 꼬리를 무는 의문 같습니다만, 이 의문 속에는 다시 아래와 같은 의문들이 딸려 있습니다.

- 남녀고용평등법상의 육아휴직은 근로관계에 속해 있는 임금 노동자가 사용할 수 있는 육아전념기간 동안의 휴직을 규율할 뿐이다. 그렇다면 사회보장제도로서의 육아휴직급여는 육아전념기간이 필요

한 모든 노동자를 위한 제도로 설계되어야 하지 않을까?

- 프리랜서 노동자에게는 일·가정 양립이 필요치 않은 것일까?
- 영세자영업 노동자에게는 일·가정의 양립이 불필요한 것일까?

대부분의 사람들이 같은 답을 할 거예요. 일·가정의 양립은 일하는 모든 사람에게 필요하며 중요하다고요. 노동의 형태가 무엇인지와는 상관없이 말이죠. 김도균 역시 책 「자신에게 고용된 사람들」에서 자영업자를 "자신에게 고용된 사람들"로 표현합니다. 우리나라 자영업자 대다수는 "은퇴 후 다른 선택지가 없었던 사람들, 그래도 열악한 비정규직보다는 나을 것 같아서 선택한 사람들, 노동조건은 근로자와 마찬가지나 형식만 자영업인 사람들"이며, 그래서 "이들은 자신 외에는 마땅한 고용주를 찾을 수 없었던 사람들"이라고 하면서요. [14] 이렇게 본다면 근로자는 자영업자에 비해 괜찮은 처지의 사람들일지 모릅니다. 그렇다면 근로자에게 적용되는 사회보장제도, 즉 육아휴직급여는 자영업자에게도 적용되어야 하지 않을까요? 아니, 자영업자뿐일까요?

자신의 가게도 없는, 그래서 노동조건이 더 열악하다 보이는 프리랜서 노동자에게도 적용되어야 할 것입니다.

벽 같은 질문을 넘어서

이렇게 희망적인 이야기를 늘어놓다가 정신을 차려 보면 벽 같은 질문이 우리를 기다립니다. 그게 가능하겠냐는. 그리고 대개 이런 질문은 안 된다는 회의론으로 빠지곤 합니다. 하지만 이번만은 그렇지 않을 수도 있다는 생각을 해봅니다.

출산전후휴가급여를 살펴볼 필요가 있습니다. 출산전후휴가급여 또한 근로기준법상 근로자만을 대상으로 행해집니다. 육아휴직급여와 같지요. 하지만 2019년 7월부터는 근로자가 아닌 이들 중에도 출산에 따른 급여를 받는 사람들이 생겨났습니다. 바로 '고용보험 미적용자 출산급여 지원제도'죠. 지원 대상은 소득활동을 하지만 출산전후휴가급여를 지원받지 못하는 출산 여성. 이해를 돕기 위해 구체적으로 나열해보면 1인 사업자, 프리랜서, 근로자 중 고용보험의 출산전후휴가급여 요건 미충족자, 고용보험법 적용 제외자, 고용보험이 적용되지 않는 사업장의 근로자 등입니다. 물론 지원금액이 출산휴가전후급여보다는 적습니다. 50만원씩 3개월. 하지만 지원금액보다 다른 것이 더 중요합니다. 근로자가 아닌 노동자들의 출산에 대해서도 국가가 책임을 져주기 시작했다는 사실이죠. 지원금액이야 시간이 흘러서 더 늘어날 수도 있고요. 육아휴직급여도 초창기에는 월 20만원에 불과했으니까요. 참고로 고용보험 미적용자 출산급여 지원제도의 시행 근거는 저출산·고령사회기본법 제10조입니다. 이 규정은 "국가 및 지방자치단체는 자녀의 임신·출산·양육 및 교육에 소요되는 경제적 부담을 경감하기 위하여 필요한 시책을 강구하여야 한다"고 적고 있습니다.

출산전후휴가급여와 육아휴직급여의 목적은 다르지만 '고용보험 미적용자 출산급여 지원제도'를 참고할 필요가 있습니다. 육아휴직급여의 목적이 일·가정의 양립이라면, 육아휴직급여의 지급 대상을 종속노동자에게 한정할 이유는 없습니다. 책 앞부분(03. 원초적 질문)에서 언급한 바와 같이 휴직을 직장으로부터의 한시적 이탈이 아니라 직업으로부터의 한시적 이탈로 이해한다면, 육아휴직급여의 지급 대상을 확대하는 데 '휴직'이라는 단어가 장애 요인으로 작용할 이유 역시 없다고 생각되니까요.

06.

육아휴직급여를 받을 권리의 성격

주체적 측면에서는 육아휴직과 육아휴직급여를 한 쌍이라고 이해할 수 있습니다. 한 사람이 같은 시기에 두 제도를 이용하고 있으니까요. 하지만 권리적 측면에서 본다면 육아휴직과 육아휴직급여의 성격은 분리될 수밖에 없습니다. 육아휴직을 할 권리는 종속노동자의 근로자적 지위가 육아전념기간 후에도 유지된다는 측면에서 고용관계에 존재하는 노동권에 해당합니다.

하지만 육아휴직급여를 받을 권리는 육아전념기간 중 급여가 정지되는 위험을 사회가 부담한다는 측면에서 사회보장권이라고 보아야 합니다.[15] 사회보장이 무엇을 말하는지 사회보장기본법의 조문을 잠깐 옮겨볼까 합니다. 얇은 책이긴 하지만 이 책 끝까지 가지고 가야 하는 개념이라서요.

"출산, 양육, 실업, 노령, 장애, 질병, 빈곤 및 사망 등의 사회적 위험으로부터 모든 국민을 보호하고 국민 삶의 질을 향상시키는 데 필요한 소득·서비스를 보장하는 사회보험, 공공부조, 사회서비스"

육아휴직급여를 위 조문에 맞추어 딱딱하게 풀어본다면 이렇습니다. '육아전념기간 동안의 양육으로 인해 발생하는 소득 상실이라는 위험에서 육아휴직자를 보호하려는 사회보장제도'. 그래서 말하고자 하는 바가 뭐냐고요? 육아휴직을 할 권리는 직장과 개인의 관계에서 논의되는 것임에 반해 육아휴직급여를 받을 권리는 국가와 개인의 관계에서 논의되는 것이라는 이야기입니다.

재직하지 않는 자가 육아전념기간 중 가지는 잠재적 소득의 불확정성

　이제 종속노동자에게만 육아휴직급여를 지급할 수 있다는 또 하나의 논거를 생각해볼까요? 육아휴직급여가 소득 상실이라는 위험에서 육아휴직자를 보호하기 위한 제도라는 점입니다. 육아휴직자에게는 임금이라는 확정된 소득의 상실이라는 위험이 있어서 보호할 필요성이 있지만, 재직하지 않는 자에게는 그 보호 필요성이 없다는 것이죠.

　휴직은 근로계약관계가 유지되는 상태입니다. 근로계약관계가 없어지거나 정지되는 것이 아니라 단지 일해야 하는 의무가 면제되는 것에 불과합니다. 그러기에 육아휴직자가 육아휴직기간 동안 상실되는 소득 역시 정해져 있습니다. 육아휴직에 들어가기 이전의 소득이 육아휴직기간 동안 상실되는 소득인 것이지요. 육아휴직급여액을 산정하는 기준 또한 월 통상임금의 ○○%입니다.

　이와는 달리 재직하지 않는 자의 경우에는 정해졌다고 말할 만한 소득이 없습니다. 프리랜서였든지 자영업자였든지 육아전념기간 중의 잠재적 소득이 불확실하다는 것이죠. 그래서 그에게 지급할 육아휴직급여액을 계산하기가 어려워집니다.

하지만 더 큰 문제가 있습니다. 프리랜서나 자영업자에게 잠재적 소득이 얼마냐를 넘어, 존재하느냐에 관한 의문이 일어나는 것입니다. 잠재적 소득 자체가 없다면, 즉 육아에 전념하지 않았더라도 노동을 통해 소득을 올리지 않았을 것이라고 가정한다면, 그가 육아전념으로 인해 소득 상실의 위험에 빠졌을 것인가에 관해 회의적인 태도를 취할 수밖에 없을 것입니다. 만일 그가 이러한 위험에 처하지 않았다면, 사회가 그를 보호해줄 필요가 없다고 생각될 테니까요.

개인이 선택할 수 있는 위험으로서의 양육

이러한 사고는 출산을 포함한 양육이 개인이 선택할 수 있는 위험이라는 견해, 그래서 양육은 사회보장제도가 보호하려는 다른 사회적 위험들과는 다르다는 견해[16]에서 더욱 강해질 수 있습니다. 이러한 견해에서는 개인의 상황에 따라 양육으로 인해 생존권이 박탈될 위기에 처할 수 있다면, 그는 출산을 선택하지 않으리라고 추측합니다. 출산은 양육을 예정하고 있으니까요. 이러한 논리 전개는 양육을 사회적 위험으로 평가하기 어렵게 만듭니다. 소득이 양육으로 인해 필연적으로 감소한다고 할지라도, 양육은 개인의 삶에서 선택을 통해 일어나니까요.

　　이러한 견해를 지지할 만한 양적 연구도 있습니다. 여성의 경제생활 위험 인식과 출산의 관계에 대한 연구인데, 결과는 이렇습니다.[17] 첫 번째, 이상적인 자녀 수를 높게 설정하는 여성이 좀 더 많은 자녀를 출산하는 경향이 있습니다. 두 번째, 경제생활의 위험을 심각하게 인식하는 여성일수록 적은 자녀를 출산하는 경향이 있습니다. 여기까지는 일반인들의 인식과 별 차이가 없어 눈길을 두지 않을 수 있습니다. 중요한 것은 세 번째 결과입니다. 세 번째 문제는 앞의 두 가지 조건이 혼합된 경우 일정한 경향이 도출될 수 있느냐였습니다. 그 결과 경제생활 위험을 심각하게 인식할수록 이상적인 자녀 수와 무관하게 더 적은 자녀를 출산하는 경향이 있었습니다. 짧게 요약한 결과를 더 쉽게 풀면 이렇습니다. 부모는 자녀 출산에 앞서 '우리 소득 정도라면 아이를 낳아도 생활이 어려워지지는 않을 거야'라는 생각을 했을 가능성이 높다는 겁니다.

집합적 사회적 위험론과 육아휴직급여

물론 양육을 개인이 선택할 수 있는 영역으로 보는 입장이라 할지라도, 양육을 사회적 위험이 아니라고 결론짓는 것은 아닙니다. 나중에 설명할 전통적인 사회적 위험론과는 다른, 집합적 관점의 사회적 위험론 역시 존재하기 때문입니다. 전통적인 사회적 위험론에서는 사회적 위험이 개인의 위험을 매개로 구성되는 데 반해, 집합적 사회적 위험론에서는 개인의 위험 발생과는 무관하게 집합적 관점에서 사회적으로 내재된 위험 역시 사회적 위험으로 인식하기 때문입니다.[18] 즉 사회적 위험성을 인정받는 데 개인이 위험한지 여부를 반드시 따질 필요는 없다는 이야기입니다. 예를 들어 출산을 하지 않기로 결정하는 개인에게 이것은 결정일 뿐 위험이 아니지만, 사회적 재생산을 통해 안정적인 생산가능인구를 조성해야 하는 사회의 입장에서는 집합적 관점에서의 사회적 위험이 됩니다. 참고로 전통적 사회적 위험과 집합적 관점에서의 사회적 위험이 서로 배타적인 것은 아니며, 중첩되는 부분이 존재하기도 합니다.

집합적 관점의 사회적 위험을 사회보장이 다뤄야 하는 것은 아닙니다. 사회보장기본법의 인식과 같이 사회보장이 다루는 사회적 위험은 개인의 위험을 매개로 하고 있기 때문입니다. 전통적인 사회적 위험론에 바탕을 둔 것이 사회보장이라는 거죠. 반면 사회정책은 사회문제를 해결하기 위한 국가의 포괄적인 정책이라고 설명되는데,[19] 사회정책적 관점에서는 이러한 집합적 관점의 사회적 위험에 대한 인식이 매우 중요해집니다.

집합적 관점의 사회적 위험론에서 육아휴직급여를 이해하자면, 육아휴직급여가 대처하고자 하는 사회적 위험은 개인의 소득 감소라기보다는 저출산으로 인한 생산가능인구 감소가 됩니다. 실제로 정부는 〈2016-2020 제3차 저출산·고령사회 기본계획〉에서 '일·가정 양립 사각지대 해소'를 저출산 분야의 대책의 하나로 삼아, 육아휴직 활용도 제고를 위한 정책들을 제시하고 있습니다. 또 이 책자에서는 육아휴직과 합계출산율 간 관계를 분석한 결과 출생아수 대비 육아휴직 비율이 1% 높아질 때 합계출산율이 0.0111명 증가한다는 효과도 언급하고 있습니다.[20]

현행의 육아휴직급여제도만을 본다면 정부는 양육을 전통적인 사회적 위험보다는 집합적 관점의 사회적 위험 차원에서 더 강하게 인식하고 있는 것 같습니다. 그렇지 않다면 재직 근로자인 육아휴직자에게만 육아휴직급여를 지급하는 이유를 설명하기가 어려우니까요.

전통적인 사회적 위험론과 육아휴직급여

양육이 집합적 관점의 사회적 위험에 포함된다고 하여 전통적인 관점의 사회적 위험에서 당연히 배제되는 것은 아닙니다. 전통적 사회적 위험론에서의 사회적 위험에 양육이 포함되는가와 관련해서는 별도로 검토되어야 합니다.

앞에서 우리는 양육이 전통적 사회적 위험론에서의 다른 사회적 위험들과는 다르다는 견해를 접한 바 있습니다. 또 재직하지 않는 자의 경우에는 육아전념기간 중 가지는 소득 상실의 위험이 불확실하여 육아휴직급여를 지급할 필요가 없다는 가상의 주장도 펼쳐본 바 있습니다. 하지만 이러한 견해들은 사회적 위험과 개인적 위험의 관계에 대한 오해에서 비롯되었다고 생각됩니다. 여기서 잠시 둘 간의 관계를 짚어보겠습니다.

전통적 사회적 위험론에서 사회적 위험이란 ① 특정의 사건이 한 사회 내 다수의 개인에게 빈번히 발생 및 누적되며(다수의 현상), ② 이 사건이 해당 개인에게 위험으로 작용하여 당사자가 누리는 삶의 질을 저하시키기에(개인적 위험), ③ 사회 전체적으로 이 위험에 대처해야 할 필요성에 합의가 이루어진 것(사회적 합의)이라고 할 수 있습니다. 따라서 특정 개인의 위험과 사회적 위험이 동일할 수는 없습니다. 특정 개인의 위험이라고 하더라도 사회적 위험으로 인정되지 않을 수도 있으며, 특정 개인에겐 위험으로 여겨지지 않더라도 사회적 위험으로 인정될 수 있습니다. 사회적 위험의 정의에서 말하는 '개인적 위험'이란 특정 개인의 위험이 아니라 그 사건을 겪는 일반적인 개인의 위험을 의미합니다. 예를 들어 수백억대 자산가가 질병을 얻어 5백만 원이 드는 병원 치료를 받는다고 가정해보겠습니다. 이 수백억대 자산가에게 이 병원비 지출이 위험으로 생각될까요? 아닐 거예요. 그럼에도 불구하고 국가는 이를 사회적 위험의 발생으로 인식하고 건강보험을 발동합니다. 이 수백억대 자산가가 아닌 다수의 사람들에게는 병원비 지출이 생활을 축소시키는 위험으로 인식될 테니까요.

하지만 우리나라의 모든 사회보장제도가 사회적 위험의 발생만으로 해당 개인에게 사회보장적 권리를 인정하고 있는 것은 아닙니다. 사회적 위험에 대한 사회보장 형태에 따라 달라집니다. 위에서 보았던 건강보험처럼, 사회보험제도에서는 사회적 위험의 발생만을 요구하며 특정 개인의 위험에 관해서는 묻지 않습니다. 반면 기초생활보장과 같은 공공부조제도에서는 사회적 위험의 발생뿐 아니라 개인적 위험의 발생 여부 및 그 정도까지도 측정하게 됩니다.

이제는 다시 원래의 주제로 돌아가 이야기할 차례입니다.

육아에 전념하고 있는 비재직자의 잠재적 소득을 확정할 수는 없습니다. 그 액수뿐 아니라 잠재적 소득이 존재하는지 자체부터 불분명합니다. 여기에서 비재직자가 개인적 위험에 처해 있는지 의문이 제기됩니다.

하지만 잠재적 소득이 확정적이냐 불확정적이냐는 그가 사회적 위험에 처해 있다는 사실을 바꾸지 못합니다. 육아전념기간 동안에는 소득활동 가능성이 위축된다는 사회적 위험 말입니다. 따라서 육아전념기간 중 잠재적 소득이 불확정하다는 사실은 비재직자에게 육아휴직급여를 지급할 수 없다는 논거가 될 수 없습니다. 육아휴직급여는 구체적 개인의 위험을 따지지 않는, 사회적 위험의 발생만으로 지급이 인정되는 사회보험제도로 운영되고 있으니까요.

이와 관련하여 김홍영 교수는 육아휴직급여액을 근로기준법상 통상임금을 기준으로 계산하고 있는 현행 육아휴직급여제도에 관해 의문을 제기합니다.[21] 육아휴직급여와 같이 생활 안정을 목적으로 하는 사회보장급여가 통상임금을 기준으로 삼는 것은 적합하지 않다는 것입니다. 통상임금의 주된 기능은 연장근로를 했을 때 지급해야 하는 추가 임금을 정하는 것이기 때문입니다. 그러므로 사회보장급여 계산을 위해 별도의 기준임금을 책정하여야 한다고 주장합니다.

한편, 사회적 위험뿐 아니라 구체적인 개인의 위험까지 참작하여 육아휴직급여를 지급해야 한다는 주장 역시 있을 수 있습니다. 하지만 이러한 주장을 관철하기 위해서는 육아휴직급여의 지급을 사회보험의 방식이 아닌 공공부조 혹은 사회서비스의 방식으로 전환해야 합니다. 사회보험에서는 개인적 위험 정도에 대한 별도 심사가 존재하지 않기 때문이죠. 그리고 이러한 전환이 행해진다면 [육아휴직자 = 육아휴직급여 수급자]라는 등식 역시 변경될 것입니다. 재직자인 육아휴직자 역시 개인적 위험 심사로 인해 육아휴직급여 신청에서 탈락할 수 있을 테니까요.

고용보험과 육아휴직급여의 신청 자격

재직자에게만 육아휴직급여를 지급할 수 있다는 근거로 나올 만한 것이 또 하나 있습니다. 현행 육아휴직급여가 고용보험을 통해 운영된다는 점이죠. 누군가가 재직자의 지위를 잃게 되면 고용보험법상의 피보험자 지위를 잃어버리기에, 재직하지 않는 자에게는 육아휴직급여를 지급할 수 없다는 것입니다.

여기서 잠시 육아휴직급여를 받기 위한 조건을 살펴보겠습니다. ① 첫째, 육아휴직기간이 30일 이상이어야 합니다. 그러하기에 만일 누군가가 2월 한 달 동안만 육아휴직을 행했다면 육아휴직급여를 받을 수 없게 됩니다. 2월의 날수는 기본적으로 28일, 윤년이라면 29일로 30일이 채 안 되기 때문입니다. ② 둘째, 육아휴직이 시작되기 전에 피보험단위기간, 즉 재직하면서 임금을 받은 기간이 총 180일 이상이 되어야 합니다. ③ 셋째, 육아휴직급여를 신청할 당시에도 피보험자의 지위에 있어야 합니다.

이 세 가지 요건 중 재직자만이 육아휴직급여를 신청할 수 있다는 논거를 만드는 것은 세 번째 요건, 신청할 당시에도 고용보험법상 피보험자여야 한다는 것입니다. 책 맨 앞에 나온 소희를 다시 한번 떠올려보죠. 소희는 근로계약이 만료되기 전까지는 고용보험법상 피보험자였습니다. 하지만 근로계약이 끝난 이후에는 소속을 잃어버림과 동시에 고용보험법상 피보험자 지위를 상실하게 됩니다. 이 사례와 같이 이전까지는 근로자의 신분을 유지하고 있었다 하더라도 출산 등 어떤 사정으로든 이직하게 되었다면, 그는 육아휴직을 받을 수 없을 뿐 아니라 피보험자의 지위를 상실해 육아휴직급여를 신청할 수 없습니다.

자영업자 역시 마찬가지입니다. 고용보험법에서의 피보험자는 고용보험에 가입하거나 가입된 것으로 보는 자영업자를 포함합니다. 일정한 조건하에 자영업자 역시 고용보험의 피보험자가 될 수 있는 것이지요. 하지만 자영업자가 육아전념기간에 들어간다는 것은 폐업을 한다는 의미입니다. 폐업으로 자영업자와 공단의 보험관계는 끝나게 됩니다. 자영업자 역시 육아전념기간에 들어감으로써 육아휴직급여를 신청할 수 없다는 것이지요. 이는 육아휴직과 육아휴직급여의 연계를 끊는다고 해도 육아휴직급여를 신청할 수 없다는 마찬가지의 결과를 초래합니다. 즉 육아휴직급여를 받기 위해서는 육아휴직을 실시해야 한다는 첫 번째 요건을 없앤다 해도, 세 번째 요건만으로도 재직자가 아니면 육아휴직급여를 신청할 수 없다는 논거로 작용하는 것입니다.

사회보험과 필요에 따른 급여

하지만 육아휴직급여의 지급 대상을 반드시 고용보험법상 피보험자로 한정하여야 할까요?

이 문제를 검토하기 위해 고용보험이 속한 사회보험

을 알아볼 필요가 있습니다. 사회보험은 국민에게 발생하는 사회적 위험에 대처하기 위해 국가가 주도하는 보험입니다. 그러하기에 우리가 일상에서 보험이라고 말하는 사보험과는 다르게 국민의 가입이 강제되고, 보험료와 급여 역시 조건에 따라 정해집니다. 또 자신의 선택에 따라 보험료를 선택하고 그에 따라 보험금이 달라지는 사보험과는 달리, 사회보험은 사회연대 원리를 적용해 능력에 따라 보험료가 부과되고 필요에 따라 급여(사보험에서의 보험금)가 지급됩니다. 수입이나 자산이 적다면 보험료로 내는 금액은 적겠지만, 필요가 동일함에도 불구하고 보험료 납부액이 적다는 이유로 받는 급여가 달라지는 건 아닙니다. 건강보험을 떠올리면 이해가 쉽습니다. 매월 납부하는 건강보험료는 월급에 따라 달라지며(능력), 건강보험공단이 부담하는 병원비는 질병에 대한 처치에 따라 달라집니다(필요). 건강보험료를 얼마나 납부했는지와는 관계없이 말이죠.

　필요에 따른 급여는 사회보험의 본질적인 요소입니다. 사회보험은 사회공동체 구성원들이 삶을 살아가며 피할 수 없는 사회적 위험에 맞닥뜨렸을 때, 그 위험을 딛고 일어서는 데 필요한 것들을 제공해주기 위해 고안된 것이거든요. 그러하기에 사회보험으로 제공된 것들이 보험 가입자의 기본적인 필요를 충족시키지 못한다는 것은 그 목적 달성에 실패했다는 의미입니다. 사회적 위험에 대처하지 못하고 있다는 것이지요. 이는 결국 사회보험의 탄생 이유가 된 사회연대 원리, 즉 사회구성원 모두가 연대하여 사회구성원 누구에게나 닥칠 수 있는 위험에서 빠져나오자는 원리에 위반된다고 말할 수 있습니다.[22] 헌법재판소 역시 경과실로 교통사고를 낸 가해자에게 건강보험급여를 제한한 것에 관하여 이는 헌법에 위반된다고 하며 다음과 같이 말하고 있습니다.

"경과실로 인한 범죄행위에 기인하는 보험사고에 대하여 의료보험급여를 부정하는 것은 보험의 본질과 목적에 어긋나는 것이다. … 의료보험급여의 배제가 보험의 본질과 목적에 어긋난다고 하는 것은 다른 한편으로는, 사회보장급여를 절실히 필요로 하는 곳에 오히려 이를 제공하지 않게 된다는 것을 의미한다."[23]

사회연대 원리와 강제가입

사회보험을 통해 사회연대 원리를 실현케 하는 수단

은 강제가입입니다. 국가는 강제가입을 통해, 위험 발생 가능성이 높지만 경제 능력이 낮은 사람들뿐 아니라 위험 발생 가능성과는 무관하게 경제 능력이 높아 보험에 가입할 개인적 필요성이 없는 사람들까지 보험공동체로 끌어들입니다. 만약 강제가입이 아닌 임의가입 혹은 자율가입이라면 후자의 사람들은 사회보험에 가입하지 않으려고 할 것입니다. 자신이 가진 경제적 능력으로 사회적 위험에 대처할 수 있을 테니까요. 또 사회적 위험에의 예방책이 필요하다고 생각할지라도, 그는 사회보험이 아니라 납부한 금액에 따라 보험금이 달라지는 사보험을 택할 가능성이 높습니다. 이렇게 된다면 사회보험의 재정은 곧 고갈되어 운영이 어려워질 것입니다. 혹은 재정 고갈 방어에 주력한다면 사회보험 급여는 사회적 위험을 방어하기에 어림없는 수준일 겁니다. 결국 강제가입으로 인해 사회보험이 유지되는 것이죠.[24]

한편 사회연대 원리의 본질을 '사회의존성에 근거한 책임의 확장'[25]이라고도 말합니다. 이 표현은 사람이 사회의존적 존재라는 인식, 즉 혼자서 살아갈 수 없는, 사회공동체에 기대어 살아가는 존재라는 인식에서부터 출발합니다. 이 인식은 개인에게 그가 기대고 있는 사회에 대해 해야 할 일을 하도록, 맡겨진 책임을 다하도록 요구합니다. 기본적으로 생각할 수 있는 책임이란 다른 사회구성원에게 해를 끼치지 않을 것, 사회적 질서를 준수할 것 정도일 겁니다. 하지만 한 사회가 유지되고 발전하기 위해서는 나뿐 아니라 사회공동체의 다른 구성원도 안전하게 삶을 영위할 필요가 있습니다. 또 그렇게 되어야만 나의 삶도 보장받을 수 있습니다. 타인의 위험이 나의 위험과, 타인의 안전이 나의 안전과 연결되어 있다는 생각은 사회공동체에 대한 개인의 책임을 확장시킵니다. 타인의 안전을 위한 노력 의무로 말이죠. 사회연대 원리의 본질을 '사회의존성에 근거한 책임의 확장'이라고 표현한 이유가 바로 여기에 있습니다.

　　문제는 강제가입의 범위를 어디까지로 획정할 것이냐입니다. 이 범위 획정을 통해 사회적 위험으로부터 보호되는 사람들이 정해지죠. 그래서 강제가입의 범위는 어디부터 강제배제를 시킬 것이냐에 관한 문제가 됩니다. 결국 관건은 강제배제의 선(線)이 바르게 그어졌는지입니다.

　　고용보험법은 육아휴직급여의 지급 대상을 급여 신청 당시의 피보험자에 한정합니다. 이전에 고용보험료를 어느 정도의 기간 동안 얼마의 금액을 납부했는지와는 관계가 없지요. 그가 육아휴직자가 아니라면, 즉 '지금' 고용보험의 피보험자가 아니라면 육아휴직급여를 신청할 수 없게 됩니다. 이직을 한 후에, 혹은 자영업을 폐업한 후에 고용보험에 임의가입을 할 수도 없기에 그는 육아휴직급여를 신청할 수 없는 거죠.

소희의 사례를 다시 떠올려봅니다. 소희가 육아전념 기간을 맞이하기 이전, 즉 일을 하고 있는 동안에 고용보험료를 납부했다는 것은 사회공동체에 속한 다른 육아휴직자의 생활 안정에 기여했다는 의미를 지닙니다. 하지만 소희는 정작 자신의 육아전념기간 동안에는 생활 안정을 위한 급여를 신청할 수 없습니다. 소희는 능력에 따른 기여를 행했으나 필요에 따른 급여를 받지 못하는 현상을 맞는 거죠. 바로 고용보험의 강제배제 때문입니다.

재직하지 않는 자에 대한 강제배제의 위헌 여부

그렇다면 소희에게, 즉 재직하지 않는 자에게 육아휴직급여를 지급하지 않는 것이 헌법에 위배되는 것은 아닐까요? 두 가지 측면에서 검토할 수 있습니다.

첫째, 인간다운 생활을 할 권리, 즉 헌법 제34조 제1항에 어긋날 가능성입니다. 헌법 제34조 제1항은 "모든 국민은 인간다운 생활을 할 권리를 가진다"고 규정합니다. 육아전념기간에는 소득활동을 못 하게 되기에 어떻게 본다면 인간다운 생활이 어려워진다고 할 수도 있습니다. 하지만 헌법재판소에 따르면 국가의 행위가 헌법 제34조 제1항에 어긋난다고 하기 위해서는 다음 둘 중 하나여야 합니다.[26] ① 국가가 생계보호에 관한 입법을 전혀 하지 않은 경우 혹은 ② 국가의 행위가 현저히 불합리하여 헌법상 용인될 수 있는 재량의 범위를 명백히 일탈한 경우입니다. 이 기준에 따른다면 재직하지 않는 자에게 육아휴직급여를 지급하지 않는 것을 위헌이라고 할 수는 없어 보입니다. 생활이 어려운 사람을 보호하기 위한 법으로 국민기초생활법이 존재하고 있으니까요. 생계를 보호하기 위한 다른 법제도가 존재한다는 것입니다.

둘째, 헌법 제11조에 규정된 평등원칙 측면에서도 검토할 수 있습니다. 책 맨 앞의 사례에서처럼, 일터에 소속된 민지에게만 육아전념기간에 대한 급여를 지급하고 소희처럼 일터에서 떠난 이에게는 육아전념기간 동안 급여를 지급하지 않는 것이 평등원칙에 부합하느냐는 것입니다. 평등원칙에 관한 헌법재판소의 결정을 먼저 살펴볼 필요가 있습니다.

"평등의 원칙은 본질적으로 같은 것은 같게, 본질적으로 다른 것은 다르게 취급할 것을 요구한다. 그렇지만 이러한 평등은 일체의 차별적 대우를 부정하는 절대적 평등을 의미하는 것이 아니라 입법과 법의 적용에 있어서 합리적인 근거가 없는 차별을 배제하는 상대적 평등을 뜻하고 따라서 합리적 근거가 있는 차별은 평등의 원칙에 반하는 것이 아니다."[27]

중요한 문구가 있습니다. 합리적 근거가 있는 차별. 그렇다면 육아휴직자와 재직하지 않는 자 사이에는 육아전념기간 중 급여 지급 여부를 가를 만한 합리적 근거가 있는 것일까요?

차별의 합리적 근거와 관련하여 다시 헌법재판소의 결정 하나를 참고할 필요가 있습니다(고엽제법 제8조 제1항 제1호 등 위헌확인 결정, 2001. 6. 28. 선고 99헌마516). 생소한 법이라 간단한 배경 설명으로 시작해보겠습니다. 고엽제법은 1960년대 월남전 참전으로 인하여 고엽제후유증 등을 얻은 환자 및 고엽제후유증 2세 환자를 지원하기 위해 만들어진 법률입니다. 이 법률의 지원을 받기 위해서는 국가보훈처장에 등록 신청을 하고 적용대상자 결정을 받아야 했습니다.

고엽제휴유증 환자에게는 국가보상이 행해졌는데, 환자가 사망한 경우에는 유족이 보상을 받을 수 있었습니다. 따라서 유족들도 이 보상을 받기 위해서는 유족등록을 해야 했습니다. 유족등록이 가능한 조건도 법률에 정해놓았는데 두 가지였습니다. ① 월남전 참전자가 고엽제법 시행 전에 고엽제후유증으로 사망한 경우, ② 월남전 참전자가 고엽제법 시행 후 생전에 등록 신청을 하였지만 고엽제법 적용 대상자인지의 여부가 결정되기 전에 고엽제후유증으로 인해 사망한 경우. 하지만 ③ 월남전 참전자가 고엽제법 시행 후에도 살아 있었으나 등록 신청을 하지 아니한 채 사망한 경우에는 유족등록 신청을 할 수 없었습니다. 이에 ③의 유족들이 평등원칙을 문제 삼아 헌법소원을 제기하였고, 헌법재판소는 이것이 평등원칙에 위배된다고 결정했습니다. 결정문 중에서 중요한 부분을 옮겨봅니다.

"①과 ③ 양자 사이에는 사망시기가 전자는 이 법 시행 전이고 후자는 그 뒤라는 차이점이 있지만 보상의 대상이 사망 자체가 아니라 사망의 원인이 된 고엽제후유증이라는 질병이라고 볼 때에, 사망시기의 차이는 고엽제후유증의 종류가 다르고 그 이환의 시기 및 정도가 다르며 질병의 진

행속도가 다르다는 등의 우연한 사정에 기인하는 결과의 차이일 뿐이지 보상의 대상인 월남전의 고엽제후유증이라는 질병으로 양자가 모두 고통을 받은 점에서는 본질적으로 동일하므로 우연한 사정인 사망시기의 차이를 이유로 유족의 등록신청자격에 차별을 하는 것은 불합리한 일"(밑줄은 필자)

이제 이 결정문을 민지와 소희의 사례에 적용해볼까 합니다. 민지와 소희에게 차이가 있다면, 민지는 육아전념기간 동안에도 소속된 일터가 있어 나중에 복귀할 직장이 확정되어 있는 반면 소희는 육아전념기간 동안 소속된 일터가 없어 나중에 다시 직장을 구해야 한다는 것이었습니다. 육아휴직급여를 지급하는 데 복귀할 직장의 확정 여부는 본질적인 사항일까요, 아니면 부차적이고 우연한 사정일까요? 이것이 평등원칙 위배 여부를 가르는 기준이 됩니다. 만일 복귀할 직장의 확정 여부를 본질적인 사항이라고 본다면 재직하지 않는 자에게 육아전념기간 동안 급여를 지급하지 않는 것은 합헌입니다. 하지만 복귀할 직장의 확정 여부를 부차적이고 우연한 사정이라 본다면 이것은 위헌입니다. 본질적으로 같은 것을 다르게 취급했기 때문이죠.

이 판단을 위해 다시 떠올려야 하는 것은 육아휴직급여의 목적입니다. 우리는 이 책 앞부분에서 육아휴직급여의 목적을 일·가정 양립이라고 확인한 바 있습니다. 또 일·가정 양립에 관해 직장에 소속되어 있는 사람뿐 아니라 근로계약기간 만료로 직장이 없어진 사람, 더 나아가 종속노동에 임하지 않았던 사람에게도, 그가 노동자라면 당연히 필요한 것이라고 결론 내린 적이 있었습니다. 여기에 추가해서 다층화된 구조의 노동 현실, 일터에 적(籍)을 둔 채 육아전념기간을 가질 수 있는 것을 행운으로 보는 지금의 시대를 감안해보았으면 합니다. 복귀할 직장의 확정 여부로 육아전념기간의 급여 지급을 결정하는 것은 부차적인 것을 본질적인 것으로 삼겠다는 이야기입니다. 따라서 재직하지 않는 자에게 고용보험 가입을 배제하면서 가입하지 않았다는 이유로, 또는 고용보험에 가입하였어도 이직하였다는 이유로 육아전념기간 동안의 급여를 지급하지 않는 것은 헌법에 어긋난다고 보아야 합니다.

어떻게
바꿀 것인가

08.

원초적 질문에 대한 답변

'직장에 소속되어 있는 노동자에게만
육아휴직급여를 지급하는 것이 타당한가?'

이 책 앞에서 던진 질문이었습니다.
우리는 이 질문에 답하려고 제2장 전체를
할애하여 논의를 전개했습니다. 긴 논의를
요약해보아야겠습니다.

먼저 육아휴직급여의 목적. 육아
휴직과 동일하게 일·가정 양립입니다. 하
지만 이 '양립' 여부의 판단을 육아휴직기
간, 즉 육아전념기간에 한정해서는 안 됩니

다. 육아휴직자의 삶 전체로 확대해서 판단해야죠. 그래야 일·가정 양립이라는 목적이 달성될 수 있으니까요. 하지만 일·가정 양립은 직장에 속한 노동자에게만 중요한 것이 아닙니다. 육아전념기간 이전의 노동 형태가 무엇인지와 관계없이, 즉 일터에 소속되어 있는지 종속노동에 해당하는지를 넘어 모든 노동자에게 소중한 것입니다.

　　그다음으로 직장이 없는 노동자가 육아휴직급여를 받는 데 장애가 될 만한 것은 육아전념기간 중 확실한 잠재적 소득이 없다는 점이었습니다. 육아전념기간에 돌입하기 전 기간제 근로자였든지 프리랜서였든지 자영업자였든지 말입니다. 그러나 잠재적 소득이 불확실하다는 것과는 별개로 명확하게 말할 수 있는 것 또한 존재합니다. 누구나 육아전념기간 동안에는 소득활동 가능성이 위축된다는 사실이며, 이것은 사회보장이 대처하려고 했던 사회적 위험 중 하나라는 것입니다.

　　마지막으로 논한 것은 사회보험의 목적에 따른 위헌 가능성이었습니다. 사회보험은 사회적 위험에 대한 상호적이고 집단적인 보험 방식입니다. 능력에 따른 기여와 필요에 따른 급여로 사회연대 원리를 실현하는 제도죠. 사회보험을 통해 사회연대 원리를 실현케 하는 수단은 강제가입입니다. 임의가입을 막아놓은 상태에서의 강제가입 범위를 정한 것은 가입자가 아닌 자에게 강제배제의 선(線)을 그어놓았다고 볼 수 있습니다. 현행법은 그가 현재 육아휴직자가 아니라면, 즉 고용보험의 피보험자가 아니라면 육아휴직급여를 신청할 수 없도록 하고 있습니다. 이전에 고용보험료를 어느 정도의 기간 동안 얼마의 금액을 납부했는지와는 관계없이 말이죠. 하지만 육아휴직급여의 목적이 일·가정의 양립이라는 것을 기억할 필요가 있습니다. 복귀할 직장의 확정 여부는 육아전념기간의 급여 지급에 부차적인 사항일 뿐이죠. 결국 직장에 속해 있지 않다는 이유로 육아전념기간 동안의 급여를 지급하지 않는 것은 헌법상 평등원칙에 위배된다고 보아야 하는 것입니다.

따라서 재직하지 않는 자를 포함하여 모든 일하는 자에 대해, 일과 가정의 양립을 위해, 육아휴직급여를 보편적으로 보장하는 방향으로 제도의 발전이 논의될 필요가 있습니다.

09.

육아휴직급여는 어떻게 바꿔야 하나

그렇다면 육아휴직급여의 보편적 보장 방향은 어떠해야 할까요? 이와 관련해서 '하나의' 정답이란 없습니다. 이면 답이든 그 나름대로의 타당성을 가진다고 보아야죠. 아래에서 제시하는 방향성은 함께 생각해보기 위한 힌트 정도라고 받아들이시면 좋을 것 같습니다.

누구에게?

육아휴직급여제도 개편과 관련해서

제일 먼저 고민해야 할 것은 육아휴직급여의 지급 범위일 거예요. 만일 사회보장기본법에 열거된 사회적 위험으로서의 '양육'을 강조한다면 그 보장 대상이 노동자에 한정되어서는 안 됩니다. 기간제 근로자, 프리랜서, 자영업자였던 사람들뿐 아니라 소득활동이 없었던 사람들까지 지급 대상으로 포괄할 필요가 있지요. 이를 위해서는 육아휴직급여의 재원도 함께 바뀌어야 합니다. 이때는 재원이 국민의 세금을 기반으로 한 국가의 일반회계로 이루어질 수도 있고,[28] 육아휴직급여제도 자체가 고용보험이 아닌 다른 사회보험, 즉 건강보험이나 국민연금에 편입될 수도 있습니다. 옳고 그름의 영역을 떠난 방법론의 영역이에요. 건강보험이나 국민연금에 육아휴직급여를 편입하자는 건 새롭게 제기되는 내용이 아닙니다. 육아휴직급여를 제도적으로 준비하던 시점에도 유력하게 논의되어왔던 방식입니다.[29] 특히 국민연금에의 편입은 국민연금의 세대 간 연대 원리에 부합되는 측면도 있어 개인적으로는 매력을 느낍니다. 어느 방식이든지 지급 대상이 소득활동이 없는 이들까지 포괄하게 된다면, 명칭 또한 '육아휴직급여'가 아닌 '육아급여'로 변경되어야 할 필요가 있습니다.

하지만 지급 대상을 이렇게 폭넓게 확대하는 것은

제도 자체의 본질적인 변경을 초래합니다. 현행 육아휴직급여의 목적인 일·가정 양립이 사라지게 되기 때문이죠. 육아휴직급여와 노동의 연계가 끊어지는 것이죠. 육아급여의 타당성과는 별개로, 이러한 변경은 현행 육아휴직급여의 '개선'이라기보다는 그 '폐지'와 새로운 제도의 '창설'에 해당합니다.

따라서 일·가정 양립이라는 현행 제도의 목적을 유지한다는 전제에서는 육아휴직급여의 지급 대상을 노동자이거나 노동자였던 모든 자로 범위를 설정하는 것이 합리적입니다. [30] 이를 위해서는 육아휴직급여 지급의 전제조건, 즉 고용관계상 육아휴직을 부여받았다는 조건을 없앨 필요가 있습니다. 현행 고용보험법 제70조 제1항은 육아휴직급여의 지급 요건으로 그 대상자가 남녀고용평등법상의 육아휴직자일 것을 요구하며, 남녀고용평등법 제19조는 임금근로자의 육아휴직을 규정하고 있습니다. 따라서 고용보험법상 육아휴직급여의 지급 요건에서 신청자를 남녀고용평등법상 육아휴직자로 국한하는 규정은 삭제되어야 합니다.

또 육아휴직급여의 지급 대상을 노동자인 모든 자로 확대하기 위해서는 고용보험의 가입 범위를 임금근로자 외에도 프리랜서, 자영업자 등 모든 노동자로 확대하는 것이 필요합니다. 이러한 입장에서 궁극적으로는 현행 '고용보험법'이라는 명칭을 '노동보험법'으로 변경하고, 그 내용 역시 다양한 노동관계를 포섭할 수 있도록 변경하는 것이 바람직해 보입니다.

어떤 조건으로?

모든 노동자가 고용보험의 가입자가 된다고 하여도 그것만으로 노동자 전부가 육아휴직급여를 받을 수 있게 되는 것은 아닙니다. 일터를 떠나 소득이 없어지면 피보험자성이 박탈될 수 있기 때문이죠. 따라서 육아휴직급여의 신청자를 현재의 피보험자를 넘어 과거에 피보험자였던 자까지 확대할 필요가 있습니다.

다만 육아휴직급여의 신청자 범위를 과거의 피보험자까지 확대하는 것에 관해서는 좀 더 조심스러운 검토가 필요합니다. 과거의 피보험자까지 전부 확대하자고 하게 될 경우에는 예기치 않은 문제가 발생할 수도 있습니다. 정확히는 이런 거죠. 출산 10년 전에 단 몇 달간만 노동을 행한 자에게도 육아휴직급여를 지급할 것인가? 어떻게 생각하시나요?

과거 언제든 피보험자였던 적이 있기만 하면 육아휴직급여를 지급하는 방식은 보장의 확대 측면에서는 바람직할 수 있습니다. 하지만 이 방식은 전 국민에게 지급하자는 '육아급여'와 차이가 거의 없어집니다. 일·가정 양립이라는 육아휴직급여의 취지가 희석될 수 있는 것이죠.

따라서 육아휴직급여의 신청자 범위를 과거의 피보험자까지 확대한다고 할지라도 '과거'의 범위를 적절하게 제한할 필요가 있습니다. 즉 육아휴직급여 지급에서 출산일 이전의 기준기간 내에 피보험자로 있었던 최소 기간(피보험단위기간)을 요구하는 간접적인 방식도 고려해볼 필요가 있습니다. 예를 들어 기준기간이 3년, 피보험단위기간이 180일로 설정된다면, 출산일 이전 3년 내에 180일 이상은 고용보험법상의 피보험자로 등록되어 있어야 하는 것이지요. 이러한 방식은 구직급여의 수급 요건을 변형해본 것입니다. 휴직과 이직은 일터를 떠난다는 측면에서 동일하거든요. 구직급여를 받기 위해서는 이직이 있기 이전 18개월(기준기간) 동안 180일 이상 고용보험에 가입되어 있을 것(피보험단위기간)을 필요로 하는데, 여기서 기준기간을 연장한 것입니다. 임신부 및 태아의 보호를 위해 출산 오래전에 노동을 그만둘 수도 있다는 특수성을 고려해야 하거든요.

어떤 돈으로?

육아휴직급여와 관련하여 지속적으로 제기된 문제 중 하나는 재원이었습니다. 현행법은 육아휴직급여의 지급에 드는 비용을 실업급여의 보험료로 충당하고 있거든요. 이와 관련해서 타당한 비판들이 제기되어왔습니다. 육아휴직급여와 실업급여는 목적이 달라서 실업급여의 보험료를 육아휴직급여에 사용하는 것은 문제가 있으며, 육아휴직급여에 필요한 재원이 점점 더 늘어나고 있어 실업급여 사업을 위한 재정이 위험해질 수 있다는 점 등이었습니다.[31]

육아휴직급여의 재원 조달 방식과 관련해서도 여러 가지 방안이 나올 수 있습니다. ① 현행과 같은 고용보험을 통한 조달 외에도 ② 조세를 통한 일반회계 조달 방식, ③ 고용보험과는 다른 별도의 보험 조달 방식 등입니다. 하지만 ② 조세 방식은 노동자인 양육자와 그렇지 않은 양육자를 차별한다는 문제가 제기될 수 있어 도입이 어려워 보입니다. 조세는 노동자에게만 걷는 것이 아니니까요. 또 ③ 별도의 보험 방식은 과연 재원이 마련될 수 있을까라는 의구심을 품게 만듭니다. 임의가입을 원칙으로 한다면 보험가입자가 양육을 계획하고 있는 자로 한정될 테니까요. 반대로 모든 노동자에게 강제가입 의무를 지운다면, 보험료가 소득에서 원천징수되지 않는 노동자 중 어린 자녀 양육이 종료된 자, 즉 향후 육아휴직급여를 받을 확률이 낮은 노동자의 보험료 체납이 빈번히 일어날 가능성도 존재합니다.

결국 현행과 같이 고용보험 방식을 취하되 앞의 문제점을 개선할 수 있는 방법을 찾아야 합니다. 그 방안으로는 고용보험의 보험료에 현행의 고용안정·직업능력개발 사업의 보험료, 실업급여의 보험료 외에 육아휴직급여의 보험료를 신설하는 것이 적절해 보입니다.[32] 이렇게 한다면 육아휴직급여와 그 재원의 목적이 합치될 뿐 아니라, 육아휴직급여의 보험료를 제외하고 고용보험료를 납부하는 것이 불가능하기에 충분한 재원 마련 역시 가능해 보입니다. 또한 기존 제도의 개선이기에 일반 국민들 역시 다른 방식들보다는 더 쉽게 받아들일 수 있을 거라고 생각됩니다.

에
필
로
그

육아휴직을 마치고 회사에 복귀한
지 2년 반이 조금 넘게 흘렀습니다. 기억력
이 쇠퇴한 것인지 회사에 다시 익숙해진 것
인지, 내가 언제 육아휴직을 했느냐는 듯 이
전의 모습으로 돌아가서 생활하고 있습니
다. 다행이라면 아이들이 나와 조금 더 친
해졌다는 것, 그리고 육아노동과 가사노동
에 대해 배울 수 있었다는 사실입니다. 이
책은 이제는 희미해져버린 육아휴직의 산
물입니다.

육아휴직을 하는 동안, 저는 교환가

치의 노동에만 함몰된 현행 법체계에 의문을 품게 되었습니다.

　　같은 노동인데 왜 법은 교환가치를 지니지 않은, 사용가치의 노동은 아예 없는 듯 취급하는 거지? 그래. 자본주의 세상의 법이었지. 교환되지 않으면 돈을 벌어다주지 못하는 것이니 주목할 필요가 없는 거지. 그런데 말이다. 사용가치 노동이 없다면 세상이 돌아가나? 집에서 요리를 안 하고 청소를 안 하고 빨래를 안 한다면, 집 밖에 나가 교환가치의 노동을 수행할 수 있을까?

　　이런 생각은 교환가치 노동과 헌법상 노동권을 연결해 연구하자는 데까지 이르렀습니다. 연구 시한도 정해두었습니다. 죽기 전까지. 이 거대한 프로젝트를 뚝딱해서 낼 수는 없는 일이니까요.
　　이렇게 일 년 정도를 보내다가 육아휴직급여가 눈에 들어왔습니다.

　　왜 정규직 맞벌이만 육아휴직을 쓰고 급여를 받는 거지? 외벌이 가정도 똑같이 아이를 키우는데? 어떻게 보면 맞벌이 정규직 가정이 육아휴직을 쓰지 못하는 외벌이 가정보다 경제적 사정이 나을 텐데?

　　이런 의문들이 제 안에서 튀어나왔습니다. 저는 이것들을 골똘히 응시해보기로 했습니다. 그렇게 풀어낸 것이 「노동법연구」 제49호에 실린 논문 "근로자로서 재직하지 않는 자에 대한 육아휴직급여의 배제", 그 논문을 쉽게 재구성하려 노력한 것이 바로 이 책입니다.

　　논문을 책으로 재구성하면서 제일 염두에 둔 것은 가독성이었습니다.

　　첫째, 법령의 이름, 몇 조 몇 항이 나올 때마다 독서가 귀찮아지는 건 법학을 연구하는 저 역시 마찬가지입니다. 그래서 생략해도 내용의 흐름에 지장이 없다고 생각되는 건 과감하게 빼기로 했습니다.

　　둘째, 정확하지만 낯선 법률용어보다는 약간 모호할 수 있어도 쉬운 일상의 용어를 사용하려고 노력했습니다. 독자들이 이 책을 보면서 법률 문제 해결을 시도할 일은 없을 것이라는 생각도 했습니다. 혹시 그럴 생각이라면 이 책보다는 위에 적어놓은 논문을 참조하시라 권하고 싶습니다.

　　이렇게 노력했지만 혹시라도 책이 어렵다고 느껴질

수 있습니다. 하지만 그건 당신 탓이 아니라 제 역량 부족 때문입니다. 그리고 죄송하다는 말씀을 아울러 전합니다.

　　고마운 분들이 계십니다. 먼저 김홍영 교수님. 석사학위부터 시작해서 박사학위까지 책임져주시더니, 육아휴직 논문의 공저자가 되어주셨습니다. 혹시라도 제게서 학문적 성취라는 것이 발견될 수 있다면 그 상당 부분은 김홍영 교수님께로부터 유래되었다고 보아야 할 것입니다. 그 다음은 씽크스마트의 김태영 대표님. 잘 팔리지도 않은 전작에도 불구하고 계속 관심을 가져주시더니, 급기야는 이 책을 내자고 먼저 제안해주셨습니다. 언젠가는 정말 매혹적인 원고로 수익을 안겨드릴 수 있으면 좋겠습니다.

　　다음번에는 더 재미있고 가벼운 이야기로 당신을 만날 수 있기를 희망하며 책을 닫습니다.

미주 ―

1) 박선영/박복순/송치선/김원정, 「육아휴직 관련 법제에 대한 입법평가」, 한국법제연구원, 2012, 24면.

2) 노호창, "출산전후휴가 및 육아휴직에 관한 몇 가지 쟁점의 검토", 「노동법학」 제51호, 한국노동법학회, 2014, 170면.

3) 윤지영, "육아휴직제도의 현황 및 문제점", 「사회보장법연구」 제7권 제2호, 서울대학교 사회보장법연구회, 2018, 153면.

4) 노호창, 앞의 글, 170면.

5) 육아휴직자 통계는 〈e-나라지표〉의 '출산 및 육아휴직 현황', http://www.index.go.kr/potal/main/EachDtlPageDetail.do?idx_cd=1504 (최근 접속 : 2021. 3. 23)

6) 여성고용정책과-2173, 2015. 7. 23.

7) 신경아, "저출산대책의 쟁점과 딜레마 - 여성 없는 여성정책 -", 「페미니즘연구」 제10권 제1호, 한국여성연구소, 2010, 110면.

8) 헌법재판소 1993. 5. 13. 선고, 92헌마80 결정.

9) 임종률, 「노동법」 제18판, 박영사, 2020, 624면.

10) 윤지영, 앞의 글, 141면.

11) 육아휴직제도는 일과 가정의 양립이라는 주된 목적 외에도, 계속고용 지원(여성 노동자 차원), 유능한 인력에 대한 효과적 관리(기업 차원), 노동력 재생산 기피현상 방지(국가 차원), 아동복지 강화라는 의의를 지닌다(부가청, "육아휴직제도의 제·개정 과정에 관한 연구", 서울대학교대학원 문학석사학위논문, 2002, 19면).

12) 여성가족부 보도자료(2020. 2. 11.), 〈2019년 경력단절여성 등의 경제활동실태조사 결과 발표〉, 7면.

13) 오은진 외, 「2019년 경력단절여성 등의 경제활동실태조사」, 여성가족부, 2019, 95면.

14) 김도균 외, 「자신에게 고용된 사람들」, 후마니타스, 2017, 22면.

15) 같은 취지로 김도희, "자녀와 비동거한 육아휴직급여 수급자의 실질적 양육 인정 여부 및 법제도적 개선과제", 「사회보장법연구」 제4권 제1호, 서울대학교 사회보장법연구회, 2015, 158면.

16) 김성권, "육아휴직 제도의 법·정책적 문제점 검토", 「사회법연구」 제30호, 한국사회법학회, 2016, 8-9면.

17) 정윤태, "여성의 경제생활 위험인식이 출산 격차에 미치는 영향에 관한 연구", 「한국사회정책」 제25권 제2호, 한국사회정책학회, 2018, 230면.

18) 집합적 관점의 사회적 위험론의 내용에 관해서는 최영준, "위험 관리자로서의 복지국가: 사회적 위험에 대한 이론적 이해", 「정부학연구」 제17권 제2호, 고려대학교 정부학연구소, 2011, 38-42면.

19) 따라서 사회정책은 사회보장보다 넓은 개념으로 사회보장을 포함한다(전광석, 「한국사회보장법론」 제11판, 집현재, 2016, 68면).

20) 대한민국 정부, 〈2016-2020 제3차 저출산·고령사회 기본계획〉, 23면.

21) 김홍영, "육아휴직급여와 통상임금", 「노동리뷰」 2014년 11월호, 한국노동연구원, 78면.

22) 장승혁, "사회보험법과 사회연대 원리", 「사회보장법학」 제6권 제1호, 한국사회보장법학회, 2017, 19면.

23) 헌법재판소 2003. 12. 18. 선고 2002헌바1 결정.

24) 장승혁, 앞의 글, 16면.

25) 그리고 장우찬은 그 책임의 확장이 어디까지로 확대될 것인지는 사회연대 의식에 좌우된다는 견해를 피력한다(장우찬, "사회연대 원리의 규범적 의미와 그 효력", 「법학연구」 제22권 제4호, 인하대학교 법학연구소, 141-142면).

26) 헌법재판소 1997. 5. 29. 선고 94헌마33 결정.

27) 헌법재판소 1999. 5. 27. 98헌바26 결정.

28) 노호창, 앞의 글, 192-193면.

29) 강은정 外, 「육아휴직제도 개편 방안」, 저출산고령사회위원회, 2019, 15면.

30) 강성태는 노동보호의 내용에 따라 노동권을 보편적 노동권, 포용적 노동권, 핵심적 노동권으로 나누고, 보편적 노동권은 임금근로자, 고용형 자영업자뿐 아니라 사업형 자영업자까지도 포함한 모든 노무제공자에게도 적용된다고 한다. 그는 각 노동권의 범주에 육아휴직급여를 명시하고 있지는 않으나, 부모휴가 및 가족돌봄을 보편적 노동권에 포함시키고 있다(강성태, "근로자, 포용적 접근", 「노동법연구」 제48호, 서울대학교 노동법연구회, 2020, 24-25면). 육아휴직급여 역시 보편적 노동권에 포함되어 임금근로자, 고용형 자영업자뿐 아니라 사업형 자영업자 역시 육아휴직급여를 받을 권리가 인정되어야 한다.

31) 노호창, 앞의 글, 192면; 윤지영, 앞의 글, 155면.

32) 윤지영, 앞의 글, 156면.

바라보면 **보**이는 것들 **시리즈**

나를 위해, 지난 세대를 위해, 미래 세대를 위해 혹은 소중한 누군가를 위해 사회 문제를 함께 보고 생각합니다.
화제가 되는 사회 이슈의 본질이 무엇인지 이해를 돕거나 더 조명되어야 할 사회문제들을 알림으로써 우리
현재의 역사를 짧고 빠르게 기록합니다. '바보 시리즈'는 건강한 사회 생태계를 만드는 일을 돕겠습니다.

바보
시리즈
02

저는 육아휴직 없는 맞벌이 엄마입니다
차별받는 육아휴직 급여

초판 1쇄 인쇄 2021년 9월 15일
초판 1쇄 발행 2021년 9월 20일

지은이. 양승광
발행. 김태영

씽크스마트 미디어그룹
서울특별시 마포구 토정로 222(신수동) 한국출판콘텐츠센터 401호
전화. 02-323-5609 / 070-8836-8837
팩스. 02-337-5608
메일. kty0651@hanmail.net

도서출판 씽크스마트·더 큰 세상으로 통하는 길
도서출판 사이다·사람과 사람을 이어주는 다리

도서출판 사이다
사람의 가치를 밝히며 서로가 서로의 삶을 세워주는 세상을 만드는 데 필요한
사람과 사람을 이어주는 다리의 줄임말이며 씽크스마트의 임프린트입니다.

ISBN 978-89-6529-291-3 (03330) 9,000원